crianças, espaços, relações

REGGIO CHILDREN ®

Centro internazionale per la difesa e la promozione
dei diritti e delle potenzialità dei bambini e delle bambine

C928 Crianças, espaços, relações : como projetar ambientes para a educação infantil / Organizadores, Giulio Ceppi, Michele Zini ; tradução: Patrícia Helena Freitag ; revisão técnica: Ana Teresa Gavião A. M. Mariotti, Sylvia Angelini. – Porto Alegre : Penso, 2013.
160 p. : il. color. ; 25 cm.

ISBN 978-85-65848-68-8

1. Educação. 2. Educação infantil. I. Ceppi, Giulio. II. Zini, Michele.

CDU 373.2

Catalogação na publicação: Ana Paula M. Magnus – CRB 10/2052

Giulio Ceppi
Michele Zini
organizadores

crianças, espaços, relações
como projetar ambientes para a educação infantil

Tradução:
Patrícia Helena Freitag

Revisão técnica desta edição:
Ana Teresa Gavião A. M. Mariotti
Pedagoga pela Pontifícia Universidade Católica de São Paulo (PUC-SP).
Doutora e Mestre em Psicologia e Educação pela Universidade de São Paulo (USP).
Assessora do Projeto de Creches da Secretaria de Educação da Prefeitura de Jundiaí (2010-2012).
Coordenadora Pedagógica da Fundação Antonio-Antonieta Cintra Gordinho.
Estágio na Creche Municipal Bellelli, Reggio Emilia, Itália.

Sylvia Angelini
Arquiteta e Urbanista pela USP.
Mestre em Ciências da Engenharia Ambiental pela USP.
Coordenadora do Núcleo de Planejamento e Gestão da Secretaria de Educação da Prefeitura de Jundiaí (Gestão 2009-2012).

penso

2013

Obra originalmente publicada sob o título
Bambini, spazi, relazioni: Metaprogetto di ambiente per l´infanzia
ISBN 978-88-87960-64-8

Gerente editorial: *Letícia Bispo de Lima*

Colaboraram nesta edição

Editora: *Lívia Allgayer Freitag*

Capa e projeto gráfico: *Maurício Pamplona*

Ilustrações de capa:
– Imagem de fundo: Camadas de cebola sobre vidro: trabalho com luz feito por crianças de 4 anos, pré-escola municipal Diana, Reggio Emilia
– Imagem central: Criança imersa em um ambiente criado por uma projeção de luz, pré-escola municipal Diana, Reggio Emilia

Leitura final: *Jonas Stocker*

Editoração eletrônica: *Techbooks*

Reservados todos os direitos de publicação, em língua portuguesa, à
PENSO EDITORA LTDA., uma empresa do GRUPO A EDUCAÇÃO S.A.
Av. Jerônimo de Ornelas, 670 – Santana
90040-340 – Porto Alegre – RS
Fone: (51) 3027-7000   Fax: (51) 3027-7070

Unidade São Paulo
Av. Embaixador Macedo Soares, 10.735 – Pavilhão 5 – Cond. Espace Center
Vila Anastácio – 05095-035 – São Paulo – SP
Fone: (11) 3665-1100   Fax: (11) 3667-1333

SAC 0800 703-3444 – www.grupoa.com.br

IMPRESSO NO BRASIL
PRINTED IN BRAZIL

Como você pode ver, o mundo
é um esboço contínuo.
Sempre novo, de maneira
ousada e admirável.

Loris Malaguzzi

O Reggio Children foi fundado em 1994 como uma sociedade limitada, com base em uma ideia proposta por Loris Malaguzzi, o fundador das creches e pré-escolas municipais de Reggio Emilia. O objetivo do Reggio Children é proteger e desenvolver a experiência pedagógica desses serviços públicos que surgiram há mais de 30 anos e que agora são conhecidos ao redor do mundo. Na promoção do que ficou conhecido como "Abordagem Reggio" para a educação infantil, o Reggio Children orienta uma grande rede nacional e internacional de trocas culturais, com atividades específicas que incluem: organização de iniciativas para a disseminação de informações sobre a experiência pedagógica de Reggio (visitas de estudo e conferências); iniciativas de formação profissional (seminários, estágios e curso de pós-graduação para pedagogistas); consultoria *in loco* (coordenação e supervisão pedagógica em programas de educação infantil); publicação e venda de materiais informativos (livros, catálogos, materiais audiovisuais, boletim informativo); e direção da exposição "I cento linguaggi dei bambini" (As cem linguagens da criança),* que está percorrendo a Europa e os Estados Unidos há mais de 15 anos, sendo hospedada por organizações governamentais, museus, universidades e centros de arte. Em conjunto com a Municipalidade de Reggio Emilia, Reggio Children também promove e realiza pesquisas educacionais, incluindo projetos atuais com o Centro de Pesquisa Nacional Italiano (CNR), com a Universidade de Harvard, com a Universidade de Nova Hampshire e com a Universidade de Milão.

A Domus Academy produz ideias e ferramentas de trabalho que visam oferecer soluções de *design* apropriadas às transformações massivas que ocorrem na sociedade industrial. Fundada em Milão, em 1983, como instituição de pós-graduação e oficina cultural focando em *design* de produto e moda, está organizada hoje em três eixos principais: o Centro de Pesquisas, o Treinamento Profissional e as Iniciativas Culturais.
O Centro de Pesquisas conduz estudos profissionais em nome dos negócios e da indústria, de associações públicas e privadas, e de organizações de pesquisa nacionais e internacionais.
O eixo de Treinamento Profissional oferece cursos de pós-graduação em *Design*, Arquitetura, *Design* de Moda e Direção de Arte, com um quadro docente permanente e uma rede ampla de professores visitantes em muitas disciplinas.
A Domus Academy também trabalha diretamente nos campos de comunicação e *design*, organiza exibições e conferências, publica livros, catálogos e materiais multimídia, sendo reconhecida por sua atividade de pesquisa.
Seu conselho executivo inclui os diretores gerais Ezio Manzini e Andrea Branzi, o diretor científico Antonio Petrillo e o diretor do Centro de Pesquisas Marco Susani. Outros colaboradores envolvidos nos comitês de desenvolvimento e técnico são: Arata Isozaki, Francesco Morace, Mario Bellini, Gianfrance Ferré e Ampelio Bucci. *Designers* e professores visitantes: Ron Arad, Omar Calabrese, Francesco Dal Co, Gillo Dorfles, Riccardo Dalisi, Zaha m'Hadid, Makio Hasuike, James Irvine, Tery Jones, Pierre Levy, Rem Koolhaas, Bruno Munari, Adolfo Natalini, Nicholas Negroponte, Oliveiro Toscani e Shigeru Uchida.

* N. de R.T.: Outra exposição foi organizada, denominada "Il stupore di conoscere", e está também percorrendo o mundo.

Autores

Giulio Ceppi (Org.)

Arquiteto e *design*er. Giulio Ceppi trabalha na Domus Academy desde 1990, realizando pesquisas sobre a identidade dos materiais e sobre o desenvolvimento de tecnologias novas. Há alguns anos trabalha com as questões de *design* sustentável e de qualidades sensoriais nos projetos e na arquitetura, também organiza exibições e participa em projetos internacionais de pesquisa. Ele é membro do Instituto Nazionale di Bioarchitettura. Como associado do Estúdio Bodega Ceppi Piancastelli desde 1992, ele planeja projetos arquitetônicos que são publicados em uma série de periódicos especializados. Foi professor visitante em vários institutos e universidades da Europa, do Japão e dos Estados Unidos. Desde 1996, Ceppi leciona no curso de *Design* Industrial da Faculdade de Arquitetura e *Design* Industrial do Instituto Politécnico de Milão, onde obteve seu doutorado. Desde 1997, trabalha como consultor sênior de *design* para a Philips Design.

Michele Zini (Org.)

Arquiteto e *design*er. Michele Zini desenvolve trabalhos arquitetônicos profissionais e pesquisas em Milão e Módena, onde tem seu estúdio. Ele leciona na Faculdade de Arquitetura do Instituto Politécnico de Milão, no curso de graduação em *Design*. Seu trabalho arquitetônico envolve principalmente *design* de espaços públicos e para serviços comunitários, incluindo planejamento de projetos urbanos, *design* de interiores, planejamentos arquitetônicos gerais e direção de trabalhos. Seu trabalho como *designer* concentra-se em mobiliar sistemas para escolas, comunidades residenciais, espaços públicos e lares. Em paralelo, conduz diversas pesquisas: desde 1995 com a Domus Academy, como docente, e em colaboração com o Centro de Pesquisas da Domus; desde 1992 com o Instituto Politécnico de Milão, atualmente como professor de Teoria e História do *Design* Industrial, no curso de graduação *Design* do Aprendizado.

Alberto Veca

Crítico de arte e *design*. Veca publicou diversos ensaios e artigos em periódicos especializados. Especializou-se na área de aspectos iconográficos da arte dos séculos XVII e XVIII. Organizou exposições importantes sobre natureza morta e cultura material.

Alessandro Sarti

Doutor em Bioengenharia (processamento de imagens). Trabalha atualmente em pesquisa e simulação numérica. Ele colabora com a Universidade de Bolonha e com uma série de universidades nos Estados Unidos. Conduziu seminários na Universidade de Stanford, na Universidade da Califórnia em Berkeley, na Universidade de Cleveland e na Universidade da Cidade de Iowa. Atualmente trabalha em uma linha de pesquisa pessoal no campo da imagem numérica e de material digital.

Andrea Branzi

Arquiteto e *designer*. Andrea Branzi nasceu em Florença, graduou-se pela Universidade de Florença e mora e trabalha em Milão. Trabalhou extensivamente nos campos do *design* industrial e experimental, arquitetura, urbanismo e promoção cultural. Como *designer* e teórico, tem colaborado com as indústrias italianas mais importantes. Branzi participou de diversas conferências e exibições e foi o coordenador geral do Triennale de Milão. Teve exposições solo em grandes museus ao redor do mundo. Também escreveu uma série de livros que foram publicados na Europa e nos Estados Unidos. Palestrou em Itália, França, Países Baixos, Reino Unido, Estados Unidos, Japão, Argentina, Brasil e Canadá como professor visitante em grandes universidades. Branzi é um dos fundadores da Domus Academy e é o atual vice-presidente e diretor cultural. Também é professor de *Design* na Faculdade de Arquitetura do Instituto Politécnico de Milão. Recentemente, o trabalho profissional de Branzi tem focado mais intensamente projetos arquitetônicos.

Antonio Petrillo

Petrillo graduou-se em Arquitetura e obteve seu doutorado em Tecnologia da Arquitetura pela Politécnica de Turim. Petrillo desenvolve trabalhos de arquitetura e *design* e lecionou na Faculdade de Arquitetura da Politécnica de Turim e na Ecole Nationale Supérieure de Création Industrielle em Paris. Em 1987, fundou o Centro de Pesquisas da Domus Academy, onde coordena pesquisas sobre a identidade dos materiais, o estudo de novos cenários evolutivos em produtos de consumo e questões de impacto ambiental. É o atual diretor científico da Domus Academy.

Carla Rinaldi

Nasceu em Reggio Emilia e graduou-se em Pedagogia pela Universidade de Bolonha. Em 1971 começou a trabalhar como pedagogista nas creches e pré-escolas de Reggio Emilia, onde mais tarde tornou-se diretora pedagógica. Atualmente, é presidente do Instituto Reggio Children. É a responsável por projetos de pesquisa que estão sendo desenvolvidos em conjunto com a Universidade de Harvard, com a Universidade de Nova Hampshire e com a Universidade de Milão. Ela é vice-presidente do Gruppo Nazionale Nidi-Infanzia (Associação Nacional da Primeira Infância) e palestrou em diversos seminários e conferências na Itália e em outras partes da Europa, nos Estados Unidos e na Austrália.

Jerome Bruner

Professor de Psicologia, Universidade de Nova Iorque. No final dos anos 1960, Dr. Bruner fundou o Centro para Estudos Cognitivos na Universidade de Harvard. Entre seus colegas estavam intelectuais e representantes da cultura internacional como Luria, Lacan, Piaget e I. A. Richards. Dr. Bruner está envolvido ativamente em questões educacionais há muitos anos e foi membro do Comitê de Educação do Comitê Presidencial de Conselhos Científicos (Presidential Science Advisory Commitee) durante os governos Kennedy e Johnson. Também fez contribuições importantes à fundação do programa Head Start nos Estados Unidos e trabalhou na Europa e na África no desenvolvimento de programas educacionais nacionais. Autor de diversos livros e artigos, Dr. Bruner recebeu o Prêmio Balzan em 1987 por sua "contribuição ao longo da vida à psicologia humana". Recebeu muitos outros prêmios internacionais e prêmios honorários, incluindo um em Ciência da

Comunicação, concedido pela Universidade de Bolonha, proposto por Umberto Eco. Jerome Bruner é reconhecido mundialmente no campo da psicologia cultural e é um dos representantes mais importantes da cultura internacional.

Marco Susani

Arquiteto e *designer*. Susani trabalha especialmente na área de tecnologias da informação e *design* de interação e realizou pesquisas e projetos de *design* para indústrias como Apple, Sharp, Logitech e Philips. É ex-membro do Estúdio Sottsass Associati e atual diretor do Centro de Pesquisas da Domus Academy.

Paolo Icaro

Artista. Nasceu em Turim. Paolo Icaro esculpe desde meados dos anos de 1970, inicialmente envolvido no movimento "Arte Povera" e mais tarde seguindo sua própria pesquisa pessoal sobre materiais, fragmentos e gestualidade rápida. Fez diversas exposições solo e seus trabalhos estão presentes em grandes museus de arte contemporânea na Itália e nos Estados Unidos.

Vea Vecchi

Nasceu em Roma estudou arte em Módena, onde reside. Desde 1970, trabalha como atelierista na Diana, pré-escola municipal de Reggio Emilia, onde realiza pesquisa pedagógica e documentação focando nas muitas línguas das crianças. Trabalhou juntamente com seus colegas na colaboração com Loris Malaguzzi até sua morte, em 1994, ajudando a trazer visibilidade às suas teorias pedagógicas. Seu trabalho atual foca especialmente as linguagens visuais e os processos cognitivos. Vecchi é uma das curadoras originais da exposição e do catálogo "I cento linguaggi dei bambini" (As cem linguages da criança). Ela também produz documentários e escreve artigos para periódicos especializados. Além de escrever e editar, palestra em seminários e conferências na Itália e no exterior.

Loris Malaguzzi

Nasceu em Correggio, província de Reggio Emilia, em 23 de fevereiro de 1920. Graduou-se em Pedagogia pela Universidade de Urbino e em Psicologia pelo CNR, em Roma.
Quando era um jovem professor de ensino fundamental, em 1946, começou uma atividade educacional paralela intensa, trabalhando com oito jardins de infância populares que eram dirigidos por famílias. Alguns desses serviços continuaram até 1967, ano em que foram passados para a administração municipal, juntamente com outras instituições fundadas a partir de 1963 pela prefeitura municipal de Reggio Emilia, da qual Loris Malaguzzi foi diretor até 1985.
Em 1950, Malaguzzi fundou o Centro Municipal Médico Psicopedagógico, onde trabalhou como psicólogo por mais de 20 anos; ele também dirigiu o Internato Rinascita. Durante este mesmo período, juntamente com Bruno Ciari, Lamberto Borghi, Francesco De Bartolomeis, Aldo Visalberghi e Ada Gobetti, continuou a dedicar-se a atividades pedagógicas dentro do sistema municipal de educação infantil.
Como consultor do Ministério da Educação da Itália, diretor dos periódicos sobre a primeira infância *Zerosei* e *Bambini* e autor de diversos artigos e publicações, Malaguzzi fundou o Gruppo Nazionale Nidi-Infanzia (Associação Nacional da Primeira Infância) em Reggio Emilia, em 1980, que organizou diversas conferências nacionais pela Itália.
Conferências, seminários, projetos de pesquisa em conjunto com universidades e fundações e as exposições itinerantes intituladas "L'occhio se salta il muro" (O olho, se ele salta pelo muro) e "I cento linguaggi dei bambini" (As cem linguagens da criança), concebidas por Malaguzzi, levaram-no por toda Europa e para os Estados Unidos como promotor incansável de uma filosofia da educação inovativa e criativa que reconhece e valoriza a riqueza de potencial e recursos que são expressos nas "cem linguagens da criança".
Em dezembro de 1991, a revista americana *Newsweek* enalteceu as pré-escolas de Reggio Emilia como as "melhores no mundo". Após esse reconhecimento, veio o prestigioso Prêmio Lego em 1992, e em 1993 Malaguzzi recebeu o Prêmio Kohl em Chicago.
No ano seguinte, as creches e pré-escolas de Reggio Emilia receberam o Prêmio Hans Christian Andersen e um certificado internacional de reconhecimento da Mediterranean Association of International Schools (MAIS) em memória a Loris Malaguzzi, que faleceu de forma inesperada em decorrência de um ataque cardíaco em sua casa em Reggio Emilia, em 30 de janeiro de 1994.

Apresentação

É com grande satisfação que apresento a edição em língua portuguesa do livro *Bambini, spazi, relazioni*. Mais do que a simples tradução da versão original em italiano, este trabalho traduz um dos pontos prioritários da gestão educacional de 2009 a 2012 da Secretaria de Educação de Jundiaí: a construção de uma política pública para a primeira infância no município.

O Brasil ainda engatinha na construção da política de atendimento educacional à primeira infância, particularmente às crianças de 0 a 3 anos que frequentam a creche. Não existem diretrizes para ação nessa área, e os municípios, que são os responsáveis constitucionalmente pelo atendimento a esse segmento, procuram parâmetros para nortear seus projetos. Não há clareza em relação ao perfil do profissional que deve atuar com as crianças, em relação à rotina pedagógica a ser seguida, e, principalmente, fala-se muito pouco do espaço onde essa educação deve acontecer. Embora saibamos que as variáveis físicas são fatores importantes na aprendizagem, muito pouco se fala e se estuda sobre isso no País.

Estudos recentes têm mostrado que a forma como o espaço da escola é construído e organizado impacta fortemente a aprendizagem das crianças: luz, som, temperatura, qualidade do ar, textura, acomodação confortável, organização do mobiliário e, especialmente, a possibilidade que ele oferece de interação com as crianças são fatores decisivos no processo de desenvolvimento e aprendizagem.

Entretanto, nossos programas de construção escolar não procuram uma aproximação entre a arquitetura e a pedagogia. Ainda construímos escolas como o fazíamos há cem anos, embora o mundo tenha mudado muito. Isso é particularmente grave no caso das creches, onde, apesar de atendermos bebês, na maioria dos casos, replicamos o modelo das escolas tradicionais que atendem adolescentes e jovens.

Dessa forma, pensar a construção e organização dos espaços na escola como parte importante da política educacional passou a ser um desafio para nós, mobilizando profissionais de arquitetura e educação. Em busca de referências para orientar nosso projeto para as crianças de 0 a 3 anos, encontramos o programa educacional desenvolvido na cidade italiana de Reggio Emilia – um trabalho consolidado e reconhecido internacionalmente, que atraiu nosso olhar.

A partir dessa descoberta, estabelecemos com os profissionais de lá uma parceria muito produtiva, que nos ajudou a elaborar e executar o projeto implantado durante a gestão. Essa parceria envolveu seminários técnicos, visitas às creches italianas e um programa de formação inovador.

Este livro é um dos resultados desse intercâmbio, que busca suprir outra necessidade local: a escassez de bibliografia sobre o tema em língua portuguesa que possa orientar educadores e gestores na organização dos espaços nas escolas e creches brasileiras. Aqui, o espaço não é tratado como um cenário onde o professor desenvolve sua atividade, desconectado do fazer pedagógico. Ao contrário, considera o próprio espaço um educador.

Ao incorporar esse novo conceito – espaço educador e estimulador da criatividade –, as creches municipais de Jundiaí deram um salto de qualidade bastante significativo (que pode ser conferido no livro *Berço da educação: a política educacional de 0 a 3 anos em Jundiaí*).

Sendo assim, esperamos que os temas abordados a seguir sejam tão inspiradores para vocês, leitores, quanto foram para nós. Esperamos, enfim, contribuir para que as crianças tenham cada vez mais possibilidades de expressão e aprendizagem, e que o espaço seja sempre um bom instrumento para isso.

Francisco José Carbonari
Secretário de Educação de Jundiaí
Gestão 2009-2012

Um guia para o leitor

As creches e pré-escolas municipais de Reggio Emilia são reconhecidas mundialmente como uma experiência de interesse cultural singular e constituem um modelo de "espaço relacional" dedicado a crianças pequenas.

Como parte de uma série de atividades e iniciativas organizadas para continuar o desenvolvimento e promover essa experiência educacional liderada por Loris Malaguzzi, o Instituto Reggio Children, em conjunto com a Domus Academy, deu início a uma pesquisa sobre como projetar espaços para crianças pequenas. O objetivo desse projeto é possibilitar um "encontro de mentes" entre a filosofia pedagógica vanguardista das pré-escolas de Reggio Emilia e as experiências inovadoras no que diz respeito à cultura do *design* e da arquitetura.

Na primeira fase da pesquisa, um grupo de arquitetos, *designers*, professores e pedagogistas,* com a colaboração de representantes de várias disciplinas artísticas e científicas, trabalharam juntos no desenvolvimento de um metaprojeto que analisa as características físicas e as "qualidades agradáveis" do ambiente para crianças pequenas. O trabalho foca a filosofia fundamental das creches e pré-escolas de Reggio Emilia em termos de ambiente escolar, fornecendo informações e reflexões quanto à qualidade do ambiente como um ponto de referência para arquitetos, *designers* e educadores no projeto de espaços para crianças pequenas. A pesquisa está sendo conduzida como parte de um acordo colaborativo entre o município de Reggio Emilia e o Ministério da Educação da Itália e visa melhorar a qualidade de escolas para crianças pequenas e promover pesquisa e qualidade de ensino em todo o país.

Este livro apresenta um metaprojeto em três seções principais:

a) Uma análise crítica da experiência crescente do sistema de educação infantil Reggio Emilia, visando formular critérios gerais de qualidade e apresentar possíveis cenários, usando palavras-chave e metáforas na tentativa de identificar as características desejáveis de um espaço para crianças pequenas.

b) Reflexões sobre os elementos de projeto, com indicações a respeito da distribuição do espaço assim como das "qualidades agradáveis" (iluminação, cores, materiais, odores, sons, microclima). O objetivo é proporcionar ferramentas para análise e indicações práticas tanto para o *design* interior quanto para o *design* exterior de escolas de educação infantil.

c) Ensaios sobre as questões pedagógicas e arquitetônicas que formam a base teórica da pesquisa, um produto de estudos realizados nas pré-escolas municipais de Reggio Emilia e na Domus Academy, como parte de seu projeto de pesquisa em conjunto.

---

* N. de T.: Nas creches e pré-escolas de Reggio Emilia, a equipe de coordenação pedagógica é composta de sete pedagogistas (cada um destes trabalha diretamente com um pequeno grupo de creches e pré-escolas e serve de conexão entre a administração central e as escolas) e um psicólogo (que coordena a inclusão das crianças com necessidades especiais).

Palavras-chave e metáforas usadas para formular critérios gerais e contextos na tentativa de identificar as características desejáveis de um ambiente para crianças pequenas, baseadas em uma análise crítica da experiência dos centros de educação infantil de Reggio Emilia.

1. Palavras-chave

Reflexões sobre os elementos de projeto, com observações sobre distribuição espacial e sobre as "qualidades agradáveis": iluminação, cores, materiais, sons, odores e microclima. O objetivo é fornecer instrumentos de análise e observações práticas para o *design* de interiores e exteriores das creches e pré-escolas.

2. Elementos de projeto

Ensaios que discutem as questões pedagógicas e de projetos que formam a base teórica da pesquisa, um produto dos estudos realizados nas creches e pré-escolas de Reggio Emilia e na Domus Academy durante seu projeto de pesquisa conjunto.

3. Ensaios e contribuições

1 Palavras-chave

bem-estar global
relação
osmose
multissensorialidade
epigênese
comunidade
construtividade
narração
normalidade significativa

Palavras-chave e metáforas usadas para formular critérios gerais e contextos na tentativa de identificar as características desejáveis de um ambiente para crianças pequenas, baseadas em uma análise crítica da experiência dos centros de educação infantil de Reggio Emilia.

Uma "estratégia de atenção" significa ter a disposição para ouvir e ser receptivo às outras pessoas, o que é essencial em todo e qualquer contexto educacional.

Receptibilidade e atenção aos outros como um valor, como respeito às diferenças, quaisquer sejam elas: diferenças de raça, religião, gênero e cultura, estendendo-se para qualquer outro tipo de diferenças. Disposição para ouvir como uma metáfora para relacionamentos múltiplos, assim como uma forma de diálogo e troca. O objetivo é criar um ambiente de empatia para ouvir as crianças e sua centena de linguagens.

É possível projetar espaços de uma maneira diferente da tradicional: espaços que são mais agradáveis e flexíveis, menos rígidos, mais acessíveis para infinitas experiências. O ambiente é visto não como um espaço monológico estruturado de acordo com um padrão formal e uma ordem funcional, mas como um espaço no qual dimensões múltiplas coexistem, até mesmo as opostas. É criado um ambiente híbrido no qual o espaço adquire forma e identidade através das relações. Um espaço, enfim, que é construído não através da seleção e simplificação de elementos, mas através da fusão de pares de opostos (interior e exterior, formalismo e flexibilidade, materialidade e imaterialidade), o que produz condições ricas e complexas.

bem-estar global

Um ambiente com **bem-estar global** é um ecossistema diversificado, estimulante e acolhedor, no qual cada habitante faz parte de um grupo ao mesmo tempo em que tem espaços de privacidade para que possa obter uma pausa dos ritmos gerais. Há um respeito pelo outro, uma disposição para ouvi-lo: uma **"estratégia de atenção"**. É um local sereno, agradável e sociável.

Quando falamos de espaço relacional, queremos dizer um espaço integrado no qual as qualidades não são estritamente estéticas, elas têm mais a ver com características de "desempenho". Isto significa que o espaço não é composto por zonas funcionais, mas pela fluidez destas. No espaço relacional, o aspecto predominante é a relação que ele possibilita, as várias atividades especializadas que podem ser conduzidas nele e os filtros de informação e cultura que podem ser ativados neste espaço.

Em nosso mundo atual (populoso, hiperconectado e artificial), desenvolver um projeto (de arquitetura, *design* e administração do espaço) significa ter que realizar uma pesquisa, não sobre as formas, mas sobre as relações. O foco principal está nas diferentes formas de utilização do espaço e nas conexões entre as coisas. O projeto se torna uma oficina contínua que, com bastante barulho no segundo plano, produz sinais relacionais e qualidades estéticas ("estética" como definido por Bateson; isto é, "sensível ao padrão que possibilite conexões"). A identidade de um lugar, como uma escola para crianças pequenas, deve se formar não através de códigos formais, mas através da qualidade e da intensidade das relações estabelecidas e das experiências geradas em tal lugar: ligações com outras áreas de conhecimento, outras maneiras de pensar e outras identidades. É justamente em outras esferas sociais que a ligação começa a aparecer como a menor unidade de sentido, como um semantema: em hipertextos e na internet, no estilo musical *rap*, em filmes como *Pulp Fiction*, que faz uso da colagem e da sobreposição de elementos da narrativa em vez de unidades simples.

relação

Um ambiente caracterizado pelas relações que consegue estimular ou possibilitar: um **espaço relacional**, cuja qualidade não deriva de uma Teoria, mas de uma maneira de enxergar, ler, estudar, interpretar a realidade e de representá-la com consciência crítica.

Não é uma questão de estilos. Um espaço relacional é a base para um ambiente rico em informações, sem regras rígidas. Não é a representação de uma escola, mas um todo formado de identidades diversas, identidades essas com percepções em comum, em harmonia com um conjunto de valores e referências que guiam cada escolha e linha de pesquisa ("sonhamos com vidas diferentes", disse Ettore Sottsass). Neste espaço, a qualidade estética depende (também) da qualidade de conexões (**a estética de ligações**).

Osmose é o fenômeno físico que envolve a passagem espontânea de solventes fluidos por uma membrana semipermeável, por exemplo, quando há dois fluidos em temperaturas diferentes, as diferenças tendem a se cancelar mutuamente de forma espontânea. A teoria cinética da matéria vê entropia como a quantidade termodinâmica que mede o nível de degradação da energia de um sistema. Para Jacques Monod, esta é a prova de que em um sistema isolado, como o do universo, a energia inevitavelmente se degrada. Mas o nível da ordem de um sistema também pode ser definido por meio de outra linguagem: informação. A transmissão de uma mensagem é, assim, associada a certa dissipação da informação que contém. Nada é isolado.

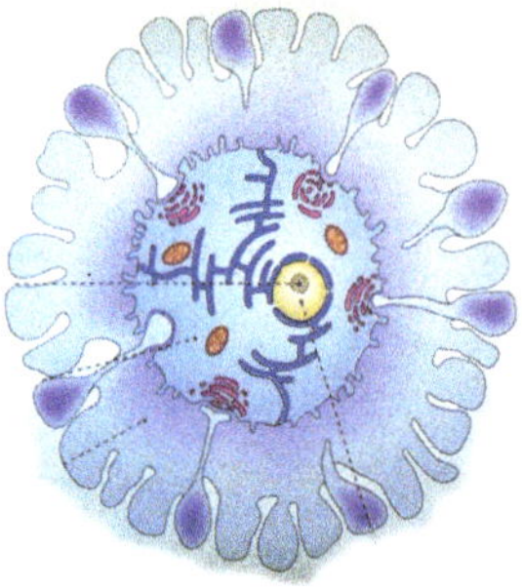

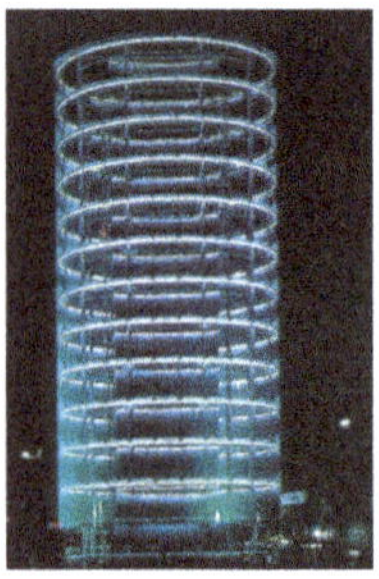

Na Ciência da Informação, uma interface é definida como o organismo encarregado da troca de informações, mas este termo apropriou-se de um significado muito mais abrangente recentemente, com o conceito de "interface natural", envolvendo espontaneidade e simplicidade no acesso à informação. Em termos mais gerais, os conceitos de interação e interface sugerem um paralelo entre as relações pessoais (baseadas em diálogos) e as relações entre pessoas e mundo-objetos (também baseadas em diálogos, compreensão e identidade). Objetos, que sempre falaram conosco através de suas formas e papéis sociais, agora dialogam trocando informações através de uma linguagem cada vez mais elaborada, que inclui um envolvimento quase completamente sensorial.

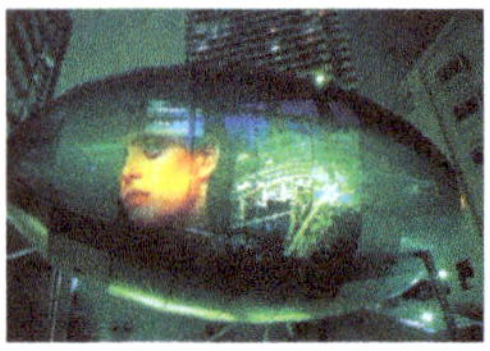

osmose

Osmose com o mundo lá fora. Uma escola não deve ser uma espécie de contramundo, mas a essência da sociedade. A realidade atual pode, e deve, estar presente na escola, filtrada por um projeto cultural de interpretação que serve como membrana e **interface**.

Muitos componentes de uma cidade e suas atividades diárias estão presentes na escola para crianças pequenas, assim o trabalho diário na escola cria um microcosmo da sociedade.
Então a escola não se assemelha à cidade apenas quanto às suas atividades e horários, mas também quanto às características do espaço em si (tanto funcionais quanto estéticas), que são tão **híbridas** quanto aquelas da cidade: a escola é um espaço com muitas pessoas, "contaminado" e simultâneo.

Essas qualidades não resultam de um projeto unitário, mas de uma estratificação de muitos projetos, atividades e relações, que também podem ser opostos. Estas relações criam lugares com um nível de identidade baixo, mas com um alto potencial de uso. Neste sentido, o espaço de aprendizagem não é um laboratório isolado dentro de um todo complexo da cidade; mas um lugar onde a complexidade da cidade e a sociedade transformam-se elas próprios em uma experiência de formação, fornecendo uma riqueza de informações e relações.

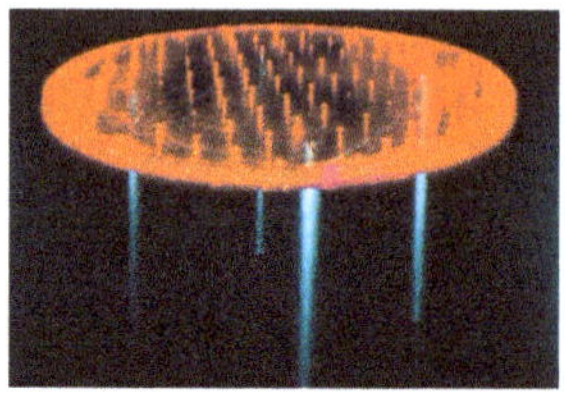

O termo sinestésico refere-se à evocação de um canal sensorial através de outro registro sensorial específico. Esta operação é bastante utilizada na literatura e na arte, através do envolvimento de todos os sentidos, o que é típico, por exemplo, dos trabalhos de certos movimentos históricos de vanguarda, como o Futurismo. Neste sentido, sinestesia torna-se um sinônimo para multissensorialidade construída, "contaminação" da mídia, orquestração sensorial. De acordo com diversos autores, o estado sinestésico é a condição de vida típica da plasticidade sensorial das crianças pequenas.

As crianças nascem com uma capacidade genética enorme que lhes permite explorar, discernir e interpretar a realidade através de seus sentidos. Pesquisas neurobiológicas têm demonstrado claramente o coprotagonismo dos sentidos na construção do conhecimento e na memória individual e coletiva. Isso quer dizer que um ambiente não estimulante tende a diminuir e a aturdir nossas percepções. Estudos mostram que este é o caso até mesmo para crianças pequenas, e, portanto, as escolas devem ser capazes de contribuir para fomentar as percepções sensoriais a fim de desenvolvê-las e refiná-las.

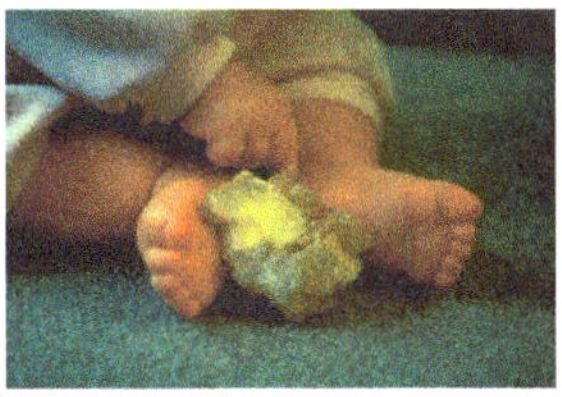

multissensorialidade

A riqueza das **experiências sensoriais**, investigação e descoberta usando seu corpo inteiro. Navegação sensorial que exalta o papel da **sinestesia** na cognição e criação, fundamental para os processos de construção do conhecimento e de formação da personalidade. Um ambiente complexo formado por contrastes sensoriais e sobreposições que são distintas fenomenologicamente: polissemia e equilíbrio, negação do *efeito mosaico* ou *patchwork*, mantendo a **percepção das diferenças** entre as partes.

A qualidade de um ambiente é resultado de muitos fatores. Ela é influenciada pelas formas dos espaços, por sua organização funcional, e pelo conjunto completo de percepções sensoriais (iluminação, cor, condições acústicas e microclimáticas, efeitos táteis). Não existe uma lógica comum que abrange a administração de todas estas percepções. Preferências por cor, toque, odores e iluminação variam de indivíduo para indivíduo, e são altamente influenciadas por diferenças subjetivas que não podem ser atribuídas a valores-padrão comuns a todos.

Portanto, o ambiente deve ser visto como um local multissensorial, não apenas por ser rico em estímulos, mas por ser rico em valores sensoriais diversos para que cada indivíduo possa adquirir consciência de suas próprias características de recepção. Em outras palavras, soluções unívocas padronizadas não podem ser utilizadas para todos.

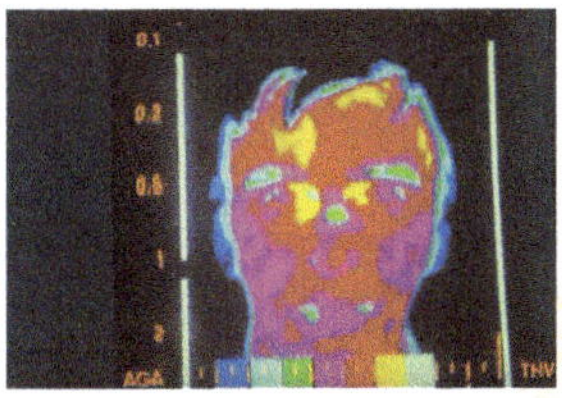

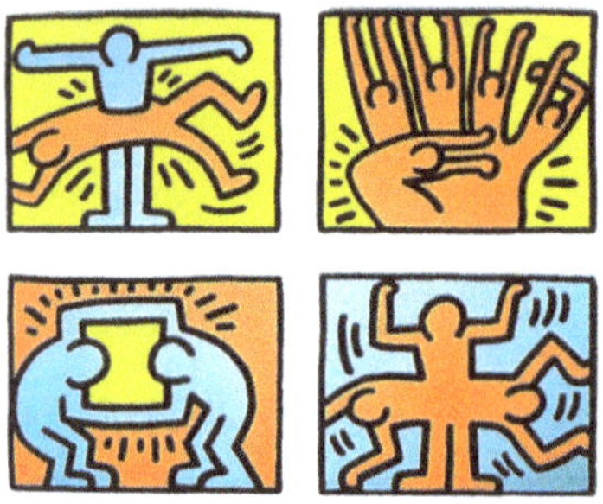

Explorar a realidade é uma condição constante na infância. Crianças pequenas habitam o espaço continuamente construindo lugares (imaginários e reais) dentro do lugar em que estão. Alguns poucos elementos e objetos são o suficiente para criar uma variedade de situações e cenários: fontes de luz artificiais, projetores de *slides* e retroprojetores, por exemplo, quando disponíveis às crianças, auxiliam a construção de espaços virtuais. O ambiente para crianças pequenas deve levar em consideração seus interesses e habilidades na construção de lugares e fornecer elementos e instrumentos para satisfazer seus desejos e para ajudar no desenvolvimento de suas habilidades.

Um espaço transformável e que reage rápido, que possibilita diferentes maneiras de ser ocupado e utilizado no decorrer do dia e com o passar do tempo. O espaço também tem que ser personalizável, flexível e aberto a novas marcas pessoais. Projetar uma escola é como escrever um argumento cinematográfico, ao passo que o roteiro é escrito por aqueles que a habitam e que constroem sua identidade no dia a dia.

O espaço, então, como um organismo vivo, tem que ser capaz de mudar e evoluir de acordo com o projeto cultural daqueles que o habitam, ao mesmo tempo em que mantém as características genéticas do projeto de *design*.

A singularidade do cérebro de cada ser humano faz com que o ato de aprender torne-se individual e original, um ato de autoaprendizagem. É o próprio indivíduo no processo de aprendizagem quem, ao interagir com a realidade, a constrói e desconstrói, faz transformações e cria conexões em rede entre os elementos de aprendizagem que surgem. O indivíduo desempenha um papel dinâmico e realiza uma função organizacional na cognição. É o próprio indivíduo que decide quando aprender. O aprendizado faz parte, portanto, e sobretudo, do livre-arbítrio de cada aprendiz. O contexto, definido e determinado pelas relações e interações com o outro, e portanto também com o ambiente (espaços, móveis, cores, iluminação e sons), determina as possibilidades e características do processo de aprendizagem que cada indivíduo escolhe produzir dentro deste contexto e graças a este contexto.

epigênese

A habilidade de adaptar e desenvolver os processos evolutivos de cada um.
O ambiente escolar deve ser flexível ao longo do tempo e **manipulável**. Ele também deve mudar e ser passível de **modificação** pelos processos de **autoaprendizagem** das crianças, e, por sua vez, interagir com estes processos e modificá-los.
Evolução, portanto, como uma condição operacional e cultural do espaço.

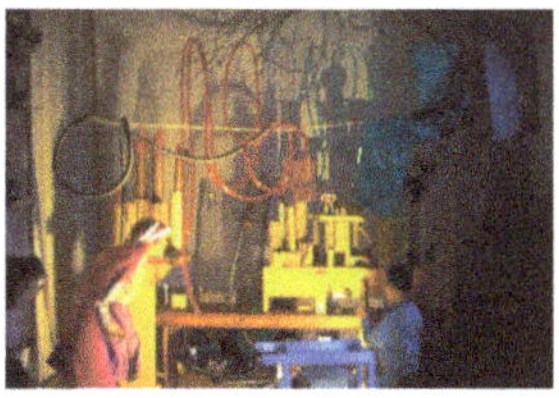

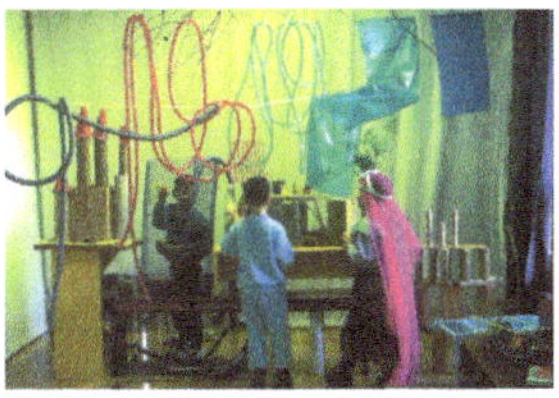

Os conceitos de construção e cooperação caracterizam a identidade da escola como um todo e geram mecanismos de ética que determinam a natureza das relações entre os envolvidos no projeto educacional.

Os familiares são incentivados a serem coautores de histórias e significados compartilhados com as crianças e professores; aqueles representam um componente essencial no processo educacional que é iniciado e desenvolvido dentro da escola. Valores compartilhados são construídos através de estratégias que possibilitam que os pais entendam as razões e o significado de sua participação: encontros diários, discussões de grupo, comunicação através de palavras assim como através de imagens.

Comunidade no sentido de compartilhamento, sociabilidade, prazer, bem-estar e de um sentimento de pertencimento em todos os envolvidos. As crianças, como os adultos, têm a necessidade de pertencer a um grupo social, de comparar ideias e de compartilhar experiências com os outros.

Comunidade no sentido de empatia, uma intimidade que cria laços, que faz com que cada membro do grupo consiga reconhecer o outro e identificar-se no outro.

Comunidade como a internalização do outro como um valor, possibilitando a construção de valores e significados compartilhados.

A escolha deliberada por um destino em comum, compartilhando conhecimentos, impressões, medos e esperanças.

Comunidade é um aspecto e uma característica do espaço que promove encontros, trocas, empatia e reciprocidade.

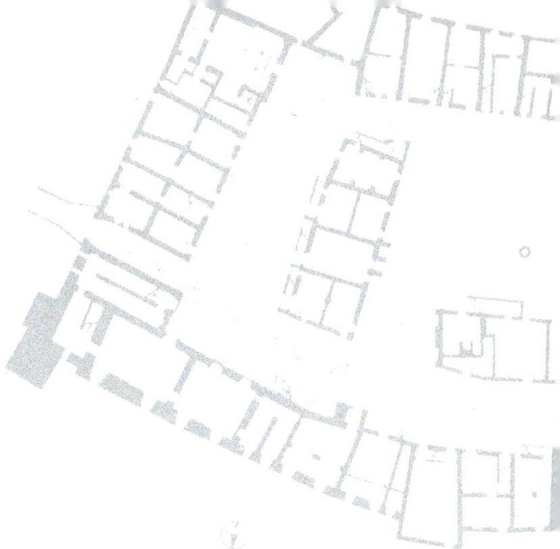

comunidade

Comunidade é o papel central dos três protagonistas do sistema social escolar: crianças, professores e pais como os geradores do projeto educacional. A escola como um ambiente coletivo, baseado na **participação** e na gestão social, no trabalho coletivo, na sociabilidade e nos objetivos e **valores compartilhados**.

Este sentido de comunidade também gera as características do espaço escolar, tais como a centralidade da *piazza**, a não hierarquia dos espaços (área de trabalho dos adultos, cozinha, ateliê e banheiros no mesmo e único andar) e a horizontalidade da disposição desses ambientes.

* N. de R.T.: Este conceito será abordado no Capítulo 2.

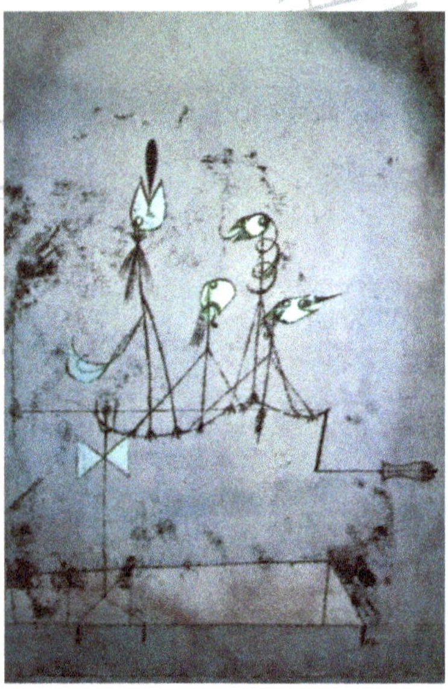

Usamos o termo construtivismo para definir a aventura que caracteriza o processo do desenvolvimento cognitivo e cultural. De acordo com a epistemologia genética piagetiana e pós-piagetiana, o conhecimento é uma construção contínua que o indivíduo desenvolve ao processar e organizar as informações que ele recebe, agindo, ao mesmo tempo, dentro da realidade que o cerca e a partir dela, modificando-a e sendo modificado por ela. A construção, ou melhor, a composição do conhecimento, não se dá de uma maneira progressiva nem linear, mas sim através de uma rede em desenvolvimento, baseada em um entrelaçamento dinâmico de elementos interconectados. Percepção, ação e reflexão tornam-se as estratégias fundamentais para a cognição e o conhecimento construído, desconstruído e consolidado como resultado das trocas e das relações com o outro (construtivismo social).

A dimensão artificial tem sido uma fonte rica de aspectos importantes: conforto, segurança, possibilidade de manipular o ambiente constantemente de acordo com a necessidade. Entretanto, sempre houve o confronto com um tema que parece ter origem na própria natureza humana, em uma coexistência de dimensões que também podem ser antagônicas: estar preso a necessidades naturais e, ao mesmo tempo, ser introduzido em dimensões virtuais ou moldadas artificialmente. Talvez devêssemos conceber uma "ecologia do mundo artificial", como sugere Andrea Branzi, que mantém todas as qualidades de nossa origem natural, mas as refina, traduzindo-as para dimensões materiais, temporais e espaciais que são fruto de nossa própria ação e de nossa capacidade de moldar o mundo.

construtividade

A escola como uma oficina de pesquisa e experimentação, um laboratório para o aprendizado individual e em grupo, um local de **construtivismo**. Um local para a composição alquímica do conhecimento e de desejos, para a compreensão e construção da realidade, para o desenvolvimento de sua própria **ecologia do artificial**.

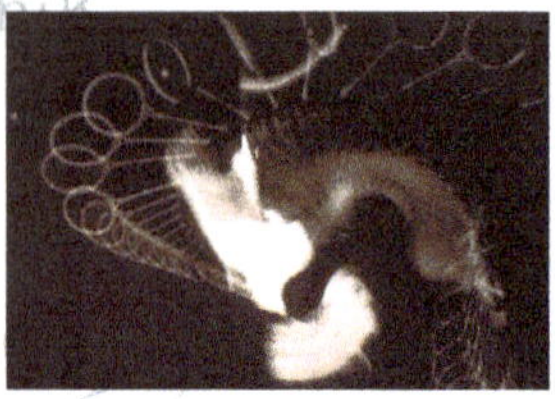

A noção de um "envelope" vem da definição de Freud, na qual o Ego é visto como projeção de uma superfície: a vida psíquica é vista como uma questão das relações entre superfícies, através das quais o espaço torna-se uma realidade imaginária repleta de propriedades psíquicas.

A metáfora do Eu-pele pode ser utilizada para que se possa compreender o processo da autonomia gradual do indivíduo desde o mundo intrauterino, passando pelo envelope narcísico, até a libertação da proteção materna.

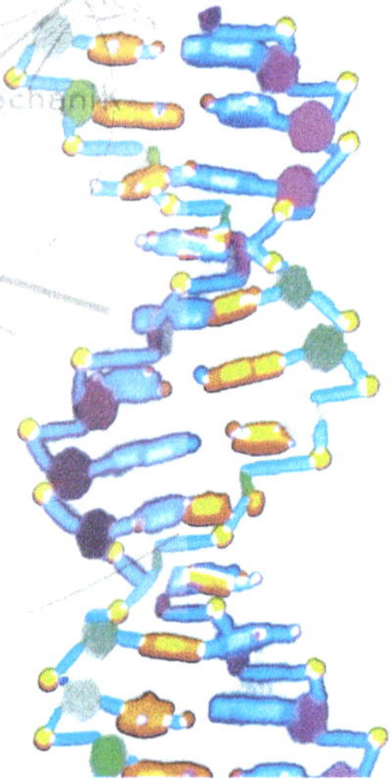

A comunicação tornou-se uma estrutura que se sobrepôs à arquitetura.

O ambiente resultante deve deixar espaço para as conexões de sentido feitas por aqueles que estão "ouvindo", sem explanação no nível estético ou linguístico.

Holografia é uma técnica que permite registrar uma imagem em filme fotossensível que produz uma imagem volumétrica visível de diferentes perspectivas, tornando-se, deste modo, extremamente congruente com a realidade tridimensional.

Baseando-se no fato de que cada fragmento de um holograma contém a imagem por inteiro, o neurologista americano Karl Pibram realizou uma comparação topológica entre memória e imaginação, considerando que esses elementos não se encontram em um local específico do córtex cerebral, mas sim por toda a massa cortical, como se fossem uma única lâmina holográfica.

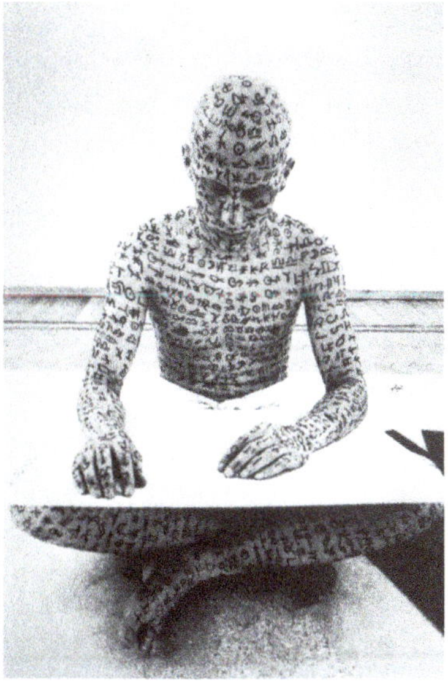

narração

Visibilidade e transparência dos processos de pesquisa e cognição das crianças.
Um ambiente que registra não só os resultados, mas também os processos de aprendizagem e a construção do conhecimento, que narra as trajetórias didáticas e que relata os valores de referência.
O ambiente gera uma espécie de **pele psíquica**, uma **segunda pele provedora de energia** constituída de textos, imagens, materiais, objetos e cores, e que revela a presença das crianças mesmo quando elas estão ausentes.

Autorrepresentação, a capacidade que cada espaço possui de explicitar todas as escolhas e referências que criam o ambiente escolar, como em um **holograma.**

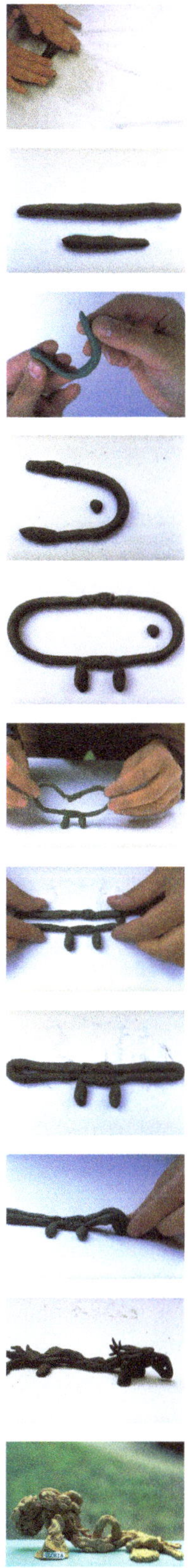

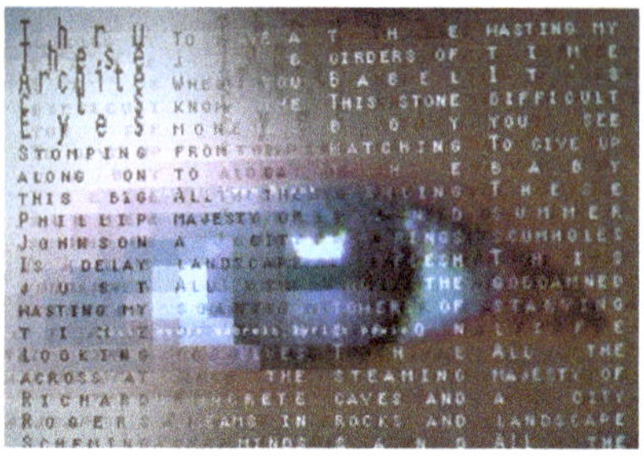

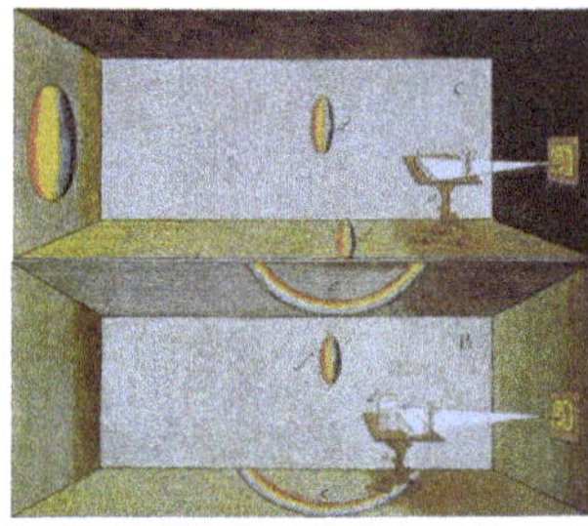

O complexo equilíbrio espacial desejado é o da normalidade significativa, que vai além da ideia da excepcionalidade de experiências a fim de buscar uma recomposição da personalidade da infância a ser usada na busca por um valor de normalidade novo e positivo.

Em um meio e uma sociedade formados de exceções e de casos especiais, o resultado didático deve ser de uma normalidade dinâmica. Isto não significa que pretende-se aderir a parâmetros formais e pré-determinados, mas sim que se busca o gerenciamento consciente e competente das contradições e dos conflitos.

Ao projetarmos as qualidades sensoriais de um ambiente, seguimos uma lógica horizontal que visa mover as energias mais fracas em escalas muito maiores.

Soluções concentradas no individual são evitadas em prol do coletivo e da geometria sensorial invisível à primeira vista mas perceptível a longo prazo. Para explicar a abordagem metodológica de Design Primario, Clino Castelli propõe uma metáfora geológica: a diferença entre terremotos (breves, violentos e epicêntricos) e a epirogênese, que envolve um movimento vertical lento e inexorável da crosta terrestre.

normalidade significativa

Um todo formado por diferentes partes em harmonia, equilibradas.
Interação de elementos diferentes (objetos, situações, iconografia, materiais) que produzem um resultado tranquilo, uma sinfonia das partes individuais, bem equilibradas, com propriedades amalgamadas – não uma situação de cacofonia.
O ambiente é calmo, não violento. O resultado perceptivo é simples, mas não negligente, no âmbito dos **tons moderados**. Este efeito de normalidade intensa e interessante não é gerado por um ambiente monológico, mas sim pela combinação equilibrada de diversos elementos, assim como a luz branca do sol é a soma de todas as cores do espectro.
É a poética da **epirogênese**, dos pequenos efeitos em escalas diferentes.

Imagens

Bem-estar global
(p. 8-9)
Dente-de-leão

Diagrama do voo de um beija-flor

Dentes-de-leão, esculpidos em papel por crianças de 5 e 6 anos, pré-escola municipal Diana, Reggio Emilia

Pietro Porcinai, piscina em Portofino, 1969-1984

René Descartes, Estudo dos movimentos dos fluidos (séc. XVIII)

Criança escutando a chuva, creche municipal Arcobaleno, Reggio Emilia

Interior de uma sala de aula para crianças de 3 anos, pré-escola municipal Diana, Reggio Emilia

Ateliê da pré-escola municipal Villetta, Reggio Emilia

Relação
(p. 20-21)
Fotograma do filme *Até o fim do mundo*, de Wim Wenders, 1991

Sequência de hipertexto, de *Weak urbanization systems*, projeto de mestrado na Domus Academy – Gordon Duggan, 1995

Andy Warhol, *Dance diagram*, 1962, acrílico sobre tela, 183 x 137 cm, The Estate of Andy Warhol

Henry Matisse, *A dança (The dance)*, 1910, Museu Hermitage, São Petersburgo

Imagens de retroprojetores, pré-escola municipal Diana, Reggio Emilia

Diálogo na creche, parede de vidro na creche municipal Arcobaleno, Reggio Emilia

Diálogo por "telefone" na creche, creche municipal Arcobaleno, Reggio Emilia

Osmose
(p. 22-23)
Exemplo de homem em relação osmótica com o ambiente, de "Human Evolution", seminário na Domus Academy, 1995

Toyo Ito, "Egg of winds", galeria de vídeo a céu aberto, Tokyo, 1989

Toyo Ito, "Tower of winds", sistema de ventilação e reservatório de água que tornam perceptíveis a direção e força do vento, Yokohama, 1986

Máscara feita de casca de árvore, Melanésia, Nova Guiné

Decoração chinesa, séc. XVIII

Vania Vecchi, *Geometride della giamaica*, acrílico sobre tela, 1985

Jirí Kolár, *Recalling Italy*, Prollage, 1969

I. Hosoe, A. Branzi, C.T. Castelli, T. Zini, "Tokyo City X", plano diretor para complexo multifuncional da Mitsubishi, Tokyo, 1990

"Deserto", projeção de *slide*, pré-escola municipal Villetta Reggio Emilia

Projeção de *slide* de papoulas, pré-escola municipal Diana, Reggio Emilia

Multissensorialidade
(p. 24-25)
Ilustração de duas mídias combinadas: CAD *design* e pós-produção

Shiro Kuramata, *Blues in the night*, mesa em acrílico com LEDs conectados com filmes condutores transparentes, 1987

"Human evolution", seminário na Domus Academy, 1995

Philippe Starck, entrada do Hotel Paramount, Nova Iorque, 1990

Man Ray, *Larmes*, 1993

Mesa de ateliê, pré-escola municipal Diana, Reggio Emilia

Para compreender uma pedra, Creche municipal Peter Pan, Reggio Emilia

Mesa de miniateliê em uma sala de aula, pré-escola municipal Diana, Reggio Emilia

Claudio Parmiggiani, *Pittura italiana*, 1981, gesso pintado, mão e borboleta, coleção particular

Termografia de um rosto humano

Estudo da reflexologia e cromoterapia (de Goethe, *Teoria das Cores*)

Epigênese
(p. 26-27)
Keith Haring, Sem título, 1983

Keith Haring, Sem título, 1983

Archizoom Associati, armários para a exposição "La superficie neutra", patrocinado por Abet Print, 1972

Shigeo Fukuda, montagem de formas aleatórias que assumem juntas uma forma reconhecível quando vistas de certo ângulo

Macrofotografia de formas naturais

Brincando com sombras em tela, creche municipal Peter Pan, Reggio Emilia

Duas imagens da área de construção, com e sem iluminação teatral, pré-escola municipal Diana, Reggio Emilia

Comunidade
(p. 28-29)
"Zooropa tour", *U2*, fachada urbana virtual com textos e símbolos, Bolonha, 1993

Multidão

Anfiteatro grego, século XX a.C., Segesta, Sicília

Elaboração gráfica de uma fita de Möbius

Argumentações, pré-escola municipal Villetta, Reggio Emilia

Piazza central, pré-escola municipal Diana, Reggio Emilia

Multidão esculpida em argila por crianças de 5 e 6 anos, pré-escola municipal Diana, Reggio Emilia

Construtividade
(p. 30-31)
Paul Klee, *Twittering machine*, 1922

Oficina: imagem do estúdio do pintor Franco Guerzoni, Módena, 1997

Pablo Picasso, *Tête de taureau*, 1942, Musée Picasso, Paris

Experimentos, Creche municipal Arcobaleno, Reggio Emilia

Oskar Schlemmer, esboço do *Triadic man*

Constantin Brancusi, *Endless column*, 1937-38

Ateliê de uma sala de aula da pré-escola municipal Diana, Reggio Emilia

Miniateliê de uma sala de aula da pré-escola municipal Diana, Reggio Emilia

Sala de aula da pré-escola municipal Diana, Reggio Emilia

Narração
(p. 32-33)
John Edgerton, *Tenista*, estroboscopia, 1974

Keith Haring, Sem título, 1982

Giovanotti Mondano Meccanici, *Electronic mandala*, 1990

Texto em escrita cuneiforme

Simulação de uma cadeia de DNA humano

Andrea Branzi, imagem fisionômica, metaprojeto para Vitra Office Project, 1992

Claudio Parmiggiani, *Deiscrizione*, 1972

Registro do processo de construção de um cavalo de argila feito por uma menina de 4 anos e meio, pré-escola municipal Diana, Reggio Emilia

Normalidade significativa
(p. 34-35)
Denovo, imagem do CD "1.Outside" de David Bowie, 1995

Georges Seurat, *Seated model in profile* (detalhe), 1887, Louvre, Paris

Ampliação da asa de uma borboleta

Gravura representando a separação do espectro de luz

Shigeo Fukuda, aglomeração que gera uma sombra em forma de peixe quando iluminada a partir de um ângulo específico

Vania Vecchi e Rolando Baldini, *Smile*, tratamento de uma fotografia, coleção particular

Claudio Parmiggiani, *Mursurgia*, 1976, coleção de Achille Maramotti

Parede externa do ateliê na pré-escola municipal Diana, Reggio Emilia

A relação entre a forma e a função dos espaços está se tornando cada vez mais elitizada. Com o advento dos eletrônicos e das telecomunicações, as novas maneiras de utilização de um espaço e as modificações sociais levaram a uma identidade de lugares mais híbrida e frágil: nós podemos comer no escritório e trabalhar enquanto viajamos ou estamos em casa.

A identidade dos nossos lugares ficou, portanto, mais convencional que real. Já não faz mais sentido, por exemplo, os escritórios serem basicamente monocromáticos e monótonos em vez de serem repletos de texturas, cores e lembranças pessoais. Fazemos com que nossos espaços de trabalho e moradia sejam cada vez mais adequados para diversos usos. Ao simplesmente mudar alguns instrumentos (escolher um *software*), o uso de um local é transformado. Nossos espaços estão, portanto, mais genéricos e já não têm mais uma identidade definida.

Um dos desafios para o *design* nos dias de hoje é ajustar-se a esta nova identidade fraca e complexa dos lugares e criar novas propriedades que estejam em conformidade com as características do estilo de vida atual, de nossos novos comportamentos, necessidades e desejos. Neste contexto, uma das identidades mais difíceis e interessantes com a qual temos que trabalhar é a escola.

Luca Pancrazzi, *Interno*, 1995
Óleo sobre tela, 30x30 cm
– de "NON SITES", 1995

Página ao lado
Luca Pancrazzi, *Space Available*, 1990-1997
Combinação de mídias, dimensões variáveis

SPACE AVAILABLE CATENE ALBERGHIERE SNODI AUTOSTRADALI CITOFONI PRENOTAZIONI INTERCONTINENTALI AUTOMOBILI GRANDI MAGAZZINI AEREOPORTI LINEE FERROVIARIE NUMERO VERDE AUTOSTRADE SEGNALAZIONE GUASTI VILLAGGI TURISTICI MEZZANINI METROPOLITANE RISTORANTI PANORAMICI POSTA ELETTRONICA CAVALCAVIA SELF SERVICE SERVIZI AUTOMATICI SCHEDE TELEFONICHE FAST FOOD CORSIE DI SORPASSO RAMPE DI SALITA REPARTO PROFUMO PARCHIMETRI A MONETA CENTRI COMMERCIALI DUTY FREE AREA ASCENSORI MONTACARICHI POSTA PNEUMATICA PASSAGGI DI INTERCONNESIONE RACCORDI ANULARI CIRCONVALLAZIONI CASELLI AUTOSTRADALI VIACARD EUROPASS BRETELLE DI RACCORDO CORSIE PREFERENZIALI VIDEOTEL FACSIMILI STRUTTURE PER IL TEMPO LIBERO RETI DI COMUNICAZIONE TELEFONICHE CONTROSOFFITTI PANNELLI DIVISORI CORSIE DI EMERGENZA AREE INDUSTRIALI CANALIZZAZIONI PREVISIONI DEL TEMPO VALEVOLI 24 ORE MATASSE DI COLLEGAMENTO A FIBRE OTTICHE TRASMISSIONI VIA ETERE SOTTOPASSAGGI DISTRIBUTORI DI BENZINA DISTRIBUTORI DI BEVANDE CALDE DISTRIBUTORI DI MERENDINE DISTRIBUTORI DI CEWING GUM DISTRIBUTORI DI PROFILATTICI DISTRIBUTORI DI SPAZZOLINI CON DENTIFRICIO DISTRIBUTORI DI SIGARETTE DISTRIBUTORI DI GADGETS DENTRO BOLLE DI PLASTICA DISTRIBUTORI DI FRANCOBOLLI DISTRIBUTORI DI SPICCIOLI E DI GETTONI SLOT MACHINES ORE ESATTA CONFINI DOGANALI VIDEOGAMES ANNUNCI DI PERSONE SMARRITE CONSOLLE DIGITALI CITOFONI CERCAPERSONE DETECTORS MODEM CONTROLLO QUALITA' PIAZZOLE PANORAMICHE TELECAMERE A CIRCUITO CHIUSO AEREOPLANI SISTEMI DI ALLARME COLONNINE S.O.S. COLLEGAMENTI CON LE ISOLE BAGNI PUBBLICI INAUGURAZIONI UFFICIALI COLTIVAZIONI BIOLOGICHE STAZIONI DI SERVIZIO AREE DI SOSTA REPORTAGE DA TUTTO IL MONDO SALE DI ASPETTO BANCOMAT FILE DEI CARRELLI AL SUPERMERCATO DISTANZE TRA GLI AEREOPORTI E I CENTRI DELLE CITTA' CASSE DEGLI AUTOGRILL SCALE ANTINCENDIO FUSI ORARI USCITE DI SICUREZZA VAGONI LETTO PARCHEGGI SOTTERRANEI ATTESE AI SEMAFORI CODE NEL TRAFFICO PRONTO SOCCORSO SALE CHIRURGICHE INTERCITY AMBULATORI MEDICI OTTIMIZZAZIONI NEI SERVIZI COPYRIGHT CONTI CORRENTI CARTE DI CREDITO CENTRALINI TELEFONICI LINEE AEREE TELEFONATE CON OPERATORE MUSICHETTE SDRAMMATIZZANTI DURANTE LE ATTESE TELEFONICHE NELLE COMUNICAZIONI INTERNE AULE PER CONFERENZE BIGLIETTERIE AUTOMATICHE SCHEDE MAGNETICHE A SCALARE D'IMPORTO SVEGLIA TELEFONICA LINEA DEL CAMBIAMENTO DI DATA PESA PERSONE CON OROSCOPO CODICI D'ACCESSO SEGRETERIE TELEFONICHE FERMATE DEL TRAM PISTE CICLABILI INTRODURRE L'IMPORTO ESATTO AGENZIE DI VIAGGI DIVIETO DI SOSTA FATTURA O SCONTRINO FISCALE? NOTIZIE ANSA PHOTO: IMAGE BANK COLLEGAMENTI VIA SATELLITE QUOTAZIONI IN BORSA TELESELEZIONE PRONTO INTERVENTO L'ULTIMO DELL'ANNO POSTI NUMERATI MANUTENZIONI STRAORDINARIE PENSILINE UFFICIO INFORMAZIONI CHILOMETRAGGIO ILLIMITATO CORRIDOI PALESTRE DI FITNESS SPAZI PUBBLICITARI AIUOLE SPARTITRAFFICO 24 ORE SU 24 UFFICI REFLAMI PANNELLI DIVISORI WORK STATIONS STRISCE PEDONALI TELEMEDICINA TG NEWS TEMPO LIBERO MONOVOLUMI CONSUMAZIONE OBBLIGATORIA PRENOTAZIONI FERROVIARIE RADIOTAXI SUPPLEMENTO RAPIDO AVANTIELENCO BUFFET FREDDO MONOLOCALI STRAPUNTINI PASSAGGI A LIVELLO UFFICIO INFORMAZIONI CATALOGO DISPONIBILE PORTE GIREVOLI CARTA MILLIMETRATA OPERAZIONI IN BORSA B.O.T. BANCA DELLO SPERMA FECONDAZIONI IN PROVETTA D.O.C. VISTA POINT BUMP CHIRURGIA PLASTICA FENOMENI ALLERGICI CONFINI DOGANALI INTERNET RASSEGNA STAMPA ORARIO DI CHIUSURA DISCOUNT CHECK UP COMPLETO CONVERGENZE DEI PNEUMATICI COLLEGAMENTI VIA SATELLITE SUPERCONDUTTORI WEATHER CHANNEL DETRITI NELLO SPAZIO INCENERITORI LIMITE DELLE ACQUE TERRITORIALI TORRE DI CONTROLLO CNN LASCIATE UN MESSAGGIO DOPO IL SEGNALE ACUSTICO PASS CHECK IN CONTROLLO ELETTRONICO DELLA VELOCITA' CARTOLINE ILLUSTRATE SEGNALETICA IN RIFACIMENTO ATMOSFERA CONTROLLATA AUTOVELOX PISTE DI ATTERRAGGIO CONTROLLI DELLE NASCITE CLUB MEDITERRANEE BIGLIETTI OMAGGIO ARIA CONDIZIONATA LAVORI IN CORSO COMUNICATI STAMPA TABELLE ORARIE CHECK POINT SCALO MERCI CARTA NON ABILITATA DOPPO CLIC BARRIERA NORD ERRORE DI SISTEMA CLONAZIONI F.M. C.B. VESUVIO CAMPI MAGNETICI SCALA 1:100.000 ALTO VOLTAGGIO COMUNE DENUCLEARIZZATO AREE PROTETTE CONTO ALLA ROVESCIA CAPANNONI INDUSTRIALI USO FORESTERIA CARTOLINA OMAGGIO ESPOSITORI PER MERCE AFFITTASI CORRIDOI AEREI CITTA' SATELLITE NULLA OSTA DALLE - ALLE PAUSA PRANZO CANI AL GUINZAGLIO SEZIONE FUMATORI VIETATO AI MINORI DI 18 ANNI GINNASTICA PASSIVA VACANZA PREMIO GETTONE DI PRESENZA CONFERENZE STAMPA DISCOTECHE INTERRUTTORE DI EMERGENZA PISTE DI ATTERRAGGIO E DI DECOLLO ONDE CORTE ROTTE DI NAVIGAZIONE CREDITI BANCARI SIMULATORE DI VOLO SPORTELLO AL PUBBLICO CAMBIO VALUTA ESTERA EMERGENZA IMPIANTI A NORMA FARI ABBAGLIANTI TAXI ROTATORIE AREE DISMESSE RACCOLTA DIFFERENZIATA LAVAGGIO STRADE LETTURA DEL CONTATORE CONTASCATTI ZONE PEDONALI FINANZIAMENTI A PIOGGIA CRONOGRAFI AL QUARZO MICROPROCESSORI INTEGRATORI ALIMENTARI FARMACI ANTIDEPRESSIVI CENTRI SOCIALI CARROZZE FERROVIARIE BENZINA VERDE CONTAINERS INTERSCAMBI INTERPORTI LIMITE INVALICABILE ANTIFURTI ELETTRONICI CLAUSTROFOBIE VIBRAZIONI DELLE STRUTTURE LABORATORI DI RICERCA CAVIE UMANE MANIPOLAZIONI GENETICHE COLONIZZAZIONI COMMERCIALI BUSTE DI PLASTICA PET PAGINE WEB TRADUZIONE SIMULTANEA USCITA DI SICUREZZA RICICLAGGIO MEMORIA RAM TURBO FIGLI UNICI CONTROLLO DEMOGRAFICO ECOSCANDAGLI G7 A4 BIGLIETTO DA VISITA CAMPIONAMENTI MUSICALI DEPOSITI PER CONTAINERS BANCHINE NON TRANSITABILI MANTO STRADALE PREVENTIVI DI SPESA TOUR OPERATOR CENSURA PREFABBRICATI TERMOMETRI DIGITALI ALTA VELOCITA' PARCHI GIOCHI ALT STAZIONE BUON VIAGGIO CON VIACARD CANNOCCHIALI A GETTONI TERRAZZE PANORAMICHE TEMPI DI PRODUZIONE STAND BY VETRINE REGALI AZIENDALI SERRE MURETTI DIVISORI RECINZIONI MURI DI CONTENIMENTO NAVETTE TUTTO COMPRESO BIP FRENO D'EMERGENZA CHIAVI IN MANO ESAZIONE SUPPLETIVA OBLITERAZIONI AUTODISTRUZIONE CAPOLINEA EJECT BANCHE DIGHE PAUSA RECEPTION SCHELETRI DI PALAZZI FABBRICHE D'ARMI CANTIERI EDILI COPERTURA RADAR LOTTIZZAZIONI DI AREE SUBURBANE LAMINATI DECORATIVI MISSILI TELEGUIDATI MISSILI A RICERCA DI CALORE ORA DI PUNTA JET LEG HANG OVER RETI FOGNARIE INSERZIONI GRATUITE RIVISTE PATINATE FOTOTESSERE VOLI CHARTER ON LINE BANCHE DATI TRAVERSATE ATLANTICHE NAVIGAZIONI STRUMENTALI BOMBARDAMENTI A TAPPETO PRONTO!? MIMETIZZAZIONI INDUSTRIE CHIMICHE RICERCHE FARMACOLOGICHE ANESTESIE LOCALI NETTEZZA URBANA DUE SECONDI SCALA PANTONE REGISTRI TIPOGRAFICI UFFICI POSTALI VELOCITA' DI CROCIERA SISTEMI DI CONTROLLO INQUINAMENTO LUMINOSO CONCEZIONI AVANZATE SEMINTERRATI ISOLAMENTI ACUSTICI DEPOSITO BAGAGLI PAVIMENTI SOPRAELEVATI INDAGINI DI MERCATO TIRACAVI MUZ CONTAINER AUTO CIVETTA RIMORCHIATORI PORTUALI CENTRO STORICO PIAZZA DUOMO GIARDINI PENSILI CHIATTE FLUVIALI SEMIRIMORCHI CORRIERE ESPRESSO INTERNAZIONALE TERMINAL INTERMODALE CONVOGLI FERROVIARI CISTERNE SILOS CARGO CENTER STOCCAGGIO MERCI MAGAZZINI AUTOMATIZZATI AREE DI MOVIMENTAZIONE TRASPORTO GOMMATO PIAZZALE ANTISTANTE PIAZZALE D'IMBARCO NASTRI TRASPORTATORI GRU ARRIVI INTERNAZIONALI IDROVIE RAMPA DI ACCESSO STRUTTURE AUTOPORTANTI SBARCO PASSEGGERI CURVA PERICOLOSA MEDICI SENZA FRONTIERE RECUPERI AMBIENTALI DEFORESTAZIONE RIAVVOLGIMENTO RAPIDO MASTERIZZATORI INTERFACCE COMPATIBILI LETTORE OTTICO CASELLE POSTALI POZZETTO D'ISPEZIONE MINUTI CONTATI INFISSI D'ALLUMINIO PESTICIDI BIRD WATCHING DOCUMENTARI FAUNISTICI TENDINE ELETTRONICHE MAKE UP SATELLITI SPIA LOCATIONS COLONNINE DI MERCURIO CAROTAGGI IMPIANTI A NORMA ALTA DEFINIZIONE BASSA RISOLUZIONE INQUINAMENTO ACUSTICO VIAGGI ORGANIZZATI SUPPORTI MAGNETICI DESIDERA IL PROMEMORIA? MULTIPROCESSORI UNDO VEICOLI LENTI FULL IMMERSION POLIZZE ASSICURATIVE DARE LA PRECEDENZA PRECAUZIONI LISTE DI ATTESA INGRESSO PER SOLI SOCI TEMPI DI CONSEGNA VELOCITA' CONTROLLATA ELETTRONICAMENTE GAP GENERAZIONALI FASCE ORARIE LIVELLI DI ASCOLTO DIVIETO 24 ORE ORARIO D'UFFICIO HAPPY HOURS SLOGAN UFFICIO STAMPA REC MUTE SALDI FRANGIFLUTTI SFOLLAGENTE BANCHINE TRANSITABILI RICERCA DI CALORE POWER GENERATION PLOTTER RUMORI DI FONDO VIA FAX

2 Elementos de projeto

formas relacionais
iluminação
cores
materiais
odores
sons
microclima

Reflexões sobre os elementos de projeto, com observações sobre distribuição espacial e sobre as "qualidades agradáveis": iluminação, cores, materiais, sons, odores e microclima.
O objetivo é fornecer instrumentos de análise e observações práticas para o *design* de interiores e exteriores das creches e pré-escolas.

formas relacionais

No decorrer dos anos, as creches e pré-escolas municipais de Reggio Emilia desenvolveram uma experiência valiosa de colaboração entre educadores e arquitetos na construção de escolas para crianças pequenas.
Esta experiência levou a um amplo conhecimento em relação à distribuição do espaço e às decisões de planejamento, fornecendo indicações para a construção de ambientes de acordo com critérios fortemente ligados ao ponto de vista pedagógico, assim como ao ponto de vista da organização do espaço.
Diversas diretrizes foram, então, desenvolvidas para os arquitetos e *designers* que também tivessem uma conotação teórica e pedagógica forte.
Aqui, nós discutiremos sobre alguns destes critérios, embora eles não devam ser considerados uma *receita* de como organizar um prédio escolar, mas sim pontos de referência para reflexão sobre como adaptar um ambiente escolar para projetos educacionais específicos, respeitando as diferenças e complexidades em diferentes contextos.

identificabilidade

Identificabilidade é criar uma linguagem arquitetônica e uma atmosfera com uma identidade clara. Ainda que uma escola deva ser altamente flexível e capaz de relacionar-se continuamente com as novas "linguagens" da sociedade (e, portanto, também mudar de aparência no decorrer do tempo), é importante que ela mantenha sua própria identidade específica. Isto não significa simular um lar ou representar uma escola no sentido tradicional, mas criar uma nova identidade com elementos que possibilitem à escola ser reconhecida como tal.

horizontalidade

A disposição horizontal de um prédio escolar destaca a escolha consciente de não criar hierarquias entre os diferentes espaços: as áreas de serviços, as áreas de trabalho dos adultos e as das crianças e as salas de aula, todos estes espaços têm um papel importante e compartilhado. Horizontalidade é, desse modo, a manifestação física da democracia de funções, dignidade e sociabilidade.

Nas creches e pré-escolas de Reggio Emilia, esta opção se manteve no decorrer do tempo e continua válida hoje, ainda que tenha sido integrada a uma nova sensibilidade e atenção quanto às complexidades de volume dos diferentes espaços, visando oferecer novas oportunidades de aprendizado.

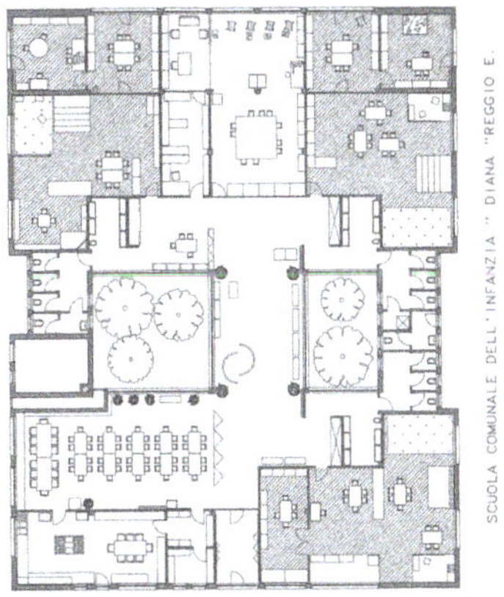

a *piazza* central

Outra característica importante é a presença de uma área central ampla chamada de *piazza*, para a qual os espaços principais da escola se voltam. A *piazza* é um ponto de encontro, um espaço coletivo que desempenha o mesmo papel no prédio da escola que a praça central desempenha em uma cidade. Aqui, também, a escolha em termos de distribuição espacial tem uma conotação pedagógica: a *piazza* auxilia na formação de relacionamentos, simbolizando a "pedagogia dos relacionamentos" no sentido em que promove encontros, interações em grupo, histórias, relações sociais e o início da aquisição de uma identidade pública pelas crianças.

Paralelamente, o uso da *piazza* elimina a necessidade de utilizar corredores, e este é um outro aspecto de distribuição baseado em uma escolha pedagógica meticulosa: a recusa de ambientes dedicados exclusivamente a distribuição e conexão de espaços; por conseguinte, a recusa de espaços de difícil acesso e uso para as atividades utilizadas tradicionalmente como um método de imposição de ordem e controle às crianças, uma maneira de pôr em vigor as regras disciplinares dos adultos.

transformabilidade e flexibilidade

O ambiente escolar deve ser passível de receber manipulações e transformações tanto de adultos como de crianças, e deve estar aberto para diferentes usos. A escola deve ser capaz de mudar no decorrer do dia e também no decorrer do ano, de ser continuamente remodelada e reprojetada como consequência das experiências vividas por crianças e adultos.

Onde for possível, a projeção de um prédio escolar deve levar em conta tanto transformações a curto quanto a longo prazo.

Transformabilidade a curto prazo pode ser obtida através do uso de:

- divisórias;
- mobília que possa acomodar outros equipamentos e materiais;
- painéis de parede móveis;
- telas para brincadeiras com sombras e projeções;
- móveis deslocáveis, giratórios ou com rodinhas.

Transformabilidade a longo prazo envolve:

- a possibilidade de modificação física dos espaços; isto é, sistemas técnicos (elétrico, de encanamento, de aquecimento) e estruturas que possibilitam mudanças no decorrer do tempo;
- expansibilidade; isto é, a possibilidade de ampliar a escola, acrescentando espaços no decorrer do tempo (ateliês, salas de aula, outros espaços), e de traçar o projeto como um todo através de melhorias e ajustes contínuos;
- uso variado dos espaços. Nas pré-escolas de Reggio Emilia, a escolha foi valorizar a continuidade do grupo no decorrer do tempo. Isto quer dizer que cada grupo de crianças (separados por idade) permanece com um professor de referência durante sua experiência na creche ou pré-escola, mas muda de sala de aula, cada ano utilizando a sala com a configuração adequada para sua idade. Desta forma, os espaços podem ter características específicas para as diferentes idades das crianças.

ateliê

Cada creche e pré-escola é equipada com um estúdio, chamado de ateliê, que é visto como um espaço complementar das salas de aula e das áreas de trabalho dos adultos, e não como um substituto destes espaços. O ateliê é usado para pesquisa, experimentação e manipulação de uma variedade de materiais.

Nas pré-escolas, um educador especial, chamado de "atelierista", com experiência em linguagens visuais, trabalha em conjunto com os professores de sala de aula, servindo como observador e prestando auxílio no aprendizado das crianças e em seus processos criativos.

O ateliê e as salas de aula juntos tornam-se um laboratório para a observação e a documentação.

No decorrer dos anos, nas creches e pré-escolas Reggio Emilia, este conceito continuou a se desenvolver, até a introdução dos "miniateliês" em cada sala de aula.

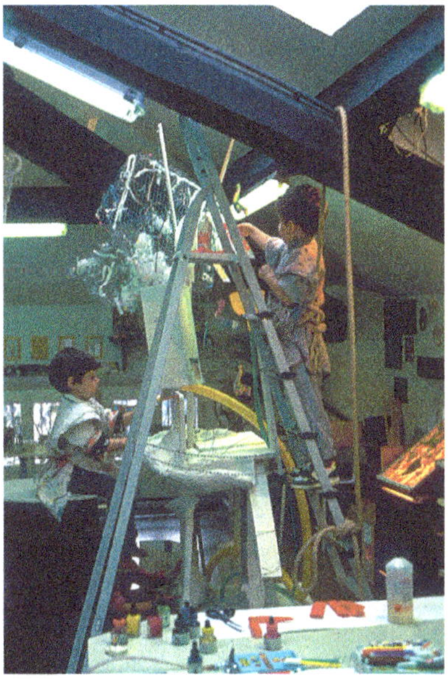

a escola como um laboratório

Ainda que determinados espaços sejam organizados especificamente para investigação direcionada e experimentação (como o ateliê), a totalidade da escola é vista como um laboratório para o aprendizado autônomo das crianças.

Cada espaço é organizado com esta premissa básica em mente e, portanto, é equipado com materiais que promovem a experimentação. É importante que todos os espaços da escola, de acordo com suas características específicas, estejam abertos e acessíveis às crianças, para que elas possam lá permanecer e utilizá-los, incluindo a cozinha e os escritórios.

a escola e a comunidade

A relação íntima entre a escola e a cidade é um conceito fundamental das creches e pré-escolas de Reggio Emilia. A arquitetura da escola deve incorporar este princípio como um processo osmótico com a estética circundante, a cultura e a distribuição de espaços.

O prédio escolar deve ser equipado para uso fora do horário escolar e para diferentes atividades que talvez não sejam estritamente "escolares": desde reuniões de professores e cursos de formação profissional, até reunião de pais, festas, eventos especiais e atividades com a vizinhança.

a relação interior-exterior

Outro elemento importante é a forte relação entre o interior e o exterior de um prédio escolar. A escola deve ser um lugar que "sente" o que está acontecendo no lado de fora – do tempo até as mudanças sazonais, da hora do dia até os ritmos da cidade – exatamente porque ela se situa em um dado lugar e momento.

Há uma gama de elementos que fomentam esta relação interior-exterior:

– espaços que funcionam como "filtros" (varandas, alpendres, toldos);

– estufas e jardins de inverno (abertos ou cobertos), com plantas e outros elementos naturais;

– o uso intenso de áreas externas: outeiros, parquinhos infantis, espaços para caminhadas, áreas com equipamentos específicos;

– instalações que deixem visível o comportamento das forças físicas (vento, água, etc.);

– uma entrada que forneça informações sobre a escola e suas atividades, um local de acolhimento e saudações.

transparência

A noção de "transparência" evoluiu no decorrer dos anos nas escolas de Reggio Emilia para crianças pequenas. No início, o termo remetia à visibilidade dos elementos e das tecnologias do prédio, a uma declaração dos papéis estáticos das partes individuais, dando um valor positivo a estes elementos. O valor do conceito da transparência continua a ser enfatizado, porém mais relacionado ao nível espacial, em termos de uma sucessão de espaços visíveis; isto é, a possibilidade de olhar um espaço através de outro, sendo que o primeiro seja pelo menos parcialmente compreensível. A transparência não elimina a opacidade, mas visa assegurar uma noção de profundidade de campo e de percepção de espaço.

comunicação

A comunicação, tanto dentro da escola quanto com o seu exterior, é uma premissa fundamental para qualquer atividade que envolva pesquisa, troca de ideias e discussão; é, portanto, um elemento importante do projeto educacional das creches e pré-escolas de Reggio Emilia.

A pedagogia dos projetos, da atenção ao próximo, da subjetividade e da colaboração baseia-se na relação entre três sujeitos: as crianças, os educadores e os pais. Com a inclusão dos pais como participantes ativos da escola, esta "pedagogia de relações" foi desenvolvida, o que aumentou a demanda por espaços mais amplos para a comunicação e documentação, tanto no interior quanto no exterior do prédio escolar, envolvendo crianças e adultos, a cidade e outras cidades e culturas, e os locais onde a cultura é produzida e desenvolvida.

O papel do professor evolui com os anos juntamente com a noção de educação, que atualmente envolve procedimentos extensivos de observação e documentação (vistos como interpretação e narração). Esses sistemas formam a base na qual os professores refletem e desenvolvem sua compreensão das estratégias individuais e coletivas das crianças em seus processos afetivos e de aprendizagem, e fornecem um instrumento eficaz para o desenvolvimento contínuo dos professores e para a comunicação e discussão com outros.

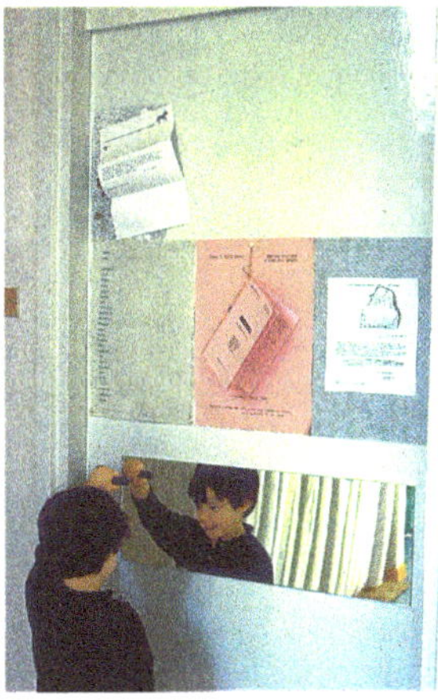

Como materialização dessas necessidades e funções, a comunicação evoluiu e tornou-se uma "segunda pele" que cobre a escola, uma espécie de arquitetura que reveste a arquitetura básica, incluindo fotos, desenhos, produções das crianças, videoteipes, impressões, objetos, cartazes, imagens e esculturas. As portas das salas de aula, importantes locais de passagem, também servem como apoio à comunicação e às explorações que as crianças fazem (p. ex., espelhos pendurados na altura das crianças).

Dentro desse sistema de comunicação contínua, uma série de características específicas deve ser mantida em mente:

– As paredes devem permitir aparatos de diferentes tipos (bidimensionais e tridimensionais), para que o ambiente reflita e comunique a vida da escola e as atividades realizadas pelas crianças.

– Certas áreas necessitam diferentes tipos de comunicação, como a entrada, a sala dos funcionários e a cozinha, nas quais as estruturas de exposição de aparatos devem ser modificáveis de acordo com a necessidade.

– Zonas de filtros também são necessárias, situadas no exterior, mas próximas das salas de aula, a fim de permitir uma troca fácil, mas sem pressa, de informações na comunicação diária com as famílias.

– Observação aprofundada e documentação requerem instrumentos adequados: gravador, câmeras, videocâmeras, projetores de *slides* e retroprojetores, instrumentos que se tornaram indispensáveis para o trabalho e para a comunicação.

– O espaço deve ser organizado de maneira eficiente para arquivamento da documentação dos trabalhos e projetos realizados com as crianças, a fim de garantir consultas de fácil acesso para professores e de criar arquivos administrativos e didáticos.

Imagens

(p. 44)

Interior de uma sala de aula para crianças de 5 anos na pré-escola municipal Diana, Reggio Emilia

Interior de uma sala de aula para crianças de 4 anos na pré-escola municipal Diana, Reggio Emilia

Interior de uma sala de aula para crianças de 3 anos na pré-escola municipal Diana, Reggio Emilia

(p. 45)

Planta da pré-escola municipal Diana, Reggio Emilia

Crianças na cozinha com a cozinheira, creche municipal Arcobaleno, Reggio Emilia

Piazza da pré-escola municipal Diana, Reggio Emilia

Piazza da pré-escola municipal Balducci, Reggio Emilia

(p. 46)

Escultura, pré-escola municipal Balducci, Reggio Emilia

Grupos em ação na sala de aula para crianças de 4 anos, pré-escola municipal Diana, Reggio Emilia

Construção de sombras, pré-escola municipal Villetta, Reggio Emilia

Jean Nouvel, "inox 01", para *stainless steel*, 1992, *design* de um espaço móvel expansível

(p. 47)

Monumento em progresso, ateliê da pré-escola municipal Neruda, Reggio Emilia

Designs com luzes, pré-escola municipal Diana, Reggio Emilia

Ateliê da pré-escola municipal Diana, Reggio Emilia

Grande afresco, ateliê da pré-escola municipal Diana, Reggio Emilia

(p. 48)

"Caleidoscópio do eu", *piazza*, pré-escola municipal Diana, Reggio Emilia

Brincadeira com água na parede do banheiro, pré-escola municipal Villetta, Reggio Emilia

Escultura de metal, ateliê da pré-escola municipal Balducci, Reggio Emilia

"Multiplicação do eu", creche Arcobaleno, Reggio Emilia

Fonte projetada por crianças de 5 e 6 anos na pré-escola municipal Villetta, Reggio Emilia

Piazza da pré-escola municipal Diana, Reggio Emilia
Uso no fim de tarde: jantar com as crianças e com as famílias

(p. 49)

"O grande dinossauro", pintura feita por crianças de 5 e 6 anos na pré-escola municipal A. Frank, Reggio Emilia

Parede do pátio interno, pré-escola municipal Diana, Reggio Emilia

Desenho de modelo vivo, com uma criança de modelo, jardim da pré-escola municipal Diana, Reggio Emilia

Fonte projetada por crianças de 6 anos, jardim da pré-escola municipal Villetta, Reggio Emilia

Pintura no pátio interno, pré-escola municipal Diana, Reggio Emilia

Parquinho na pré-escola municipal Diana, Reggio Emilia

Entrada da pré-escola municipal Diana, Reggio Emilia

Parede de vidro entre a sala das crianças bem pequenas e o vestiário, creche Arcobaleno, Reggio Emilia

(p. 50)

Transparências em vidro, pré-escola municipal Diana, Reggio Emilia

Parede de vidro entre a cozinha e o refeitório, creche municipal Arcobaleno, Reggio Emilia

Parede de vidro entre a *piazza* e o jardim interno, pré-escola municipal Diana, Reggio Emilia

Parede na sala das crianças bem pequenas, creche municipal Arcobaleno, Reggio Emilia

O pátio da escola, pintado em plástico, pré-escola municipal Diana, Reggio Emilia

(p. 51)

Porta de sala de aula, pré-escola municipal Diana, Reggio Emilia

Espelhos na área de entrada, pré-escola municipal Diana, Reggio Emilia

"Caixas de mensagens" em uma sala de aula, pré-escola municipal Diana, Reggio Emilia

Documentação de um projeto na parede, pré-escola municipal Diana, Reggio Emilia

Documentação na parede da sala de aula, pré-escola municipal Diana, Reggio Emilia

iluminação

Criando cenários luminosos

A iluminação é responsável por três dimensões perceptivas diferentes:
- visibilidade
- estética
- sensação de passagem do tempo

No geral, a disciplina de técnica de iluminação se preocupa principalmente com a primeira dimensão e tende a ignorar as outras duas, ainda que elas desempenhem um papel importante na definição da qualidade do cenário luminoso.

Na verdade, a iluminação é um dos grandes componentes da nossa percepção estética relacionados à emoção. Sentimentos de euforia ou letargia, pânico ou alegria, por exemplo, estão ligados estreitamente com a qualidade e quantidade de luz, e a plasticidade e riqueza de um espaço iluminado dependem da modulação da luz.

Poderíamos começar fazendo uma distinção entre iluminação natural e artificial. A iluminação natural informa-nos das condições meteorológicas do dia e permite-nos perceber a progressão e a passagem do tempo sem a necessidade de aparelhos artificiais. No âmbito escolar, a luz do dia pode ser modulada, filtrada ou texturizada facilmente, utilizando-se meios simples que as próprias crianças podem controlar.

Desta forma, a iluminação natural torna-se um material vivo que pode ser manipulado e usado pelas crianças na produção de suas próprias configurações estéticas.

A iluminação artificial em um prédio escolar não deve ser uniforme nem monótona, embora esse seja um caso frequente nas aplicações tradicionais de luz, cuja prioridade é estabelecer visibilidade constante e uniforme em cada ponto do local. O cenário luminoso, por outro lado, pode ser vigoroso e altamente diferenciado por meio de variações de intensidade, diferenças em "cor" (luz branca e luz amarela) e das várias possibilidades de filtro e enriquecimento do feixe de luz.

A sombra também é um elemento importante no ambiente escolar. As sombras podem ser diáfanas, quase espectrais, ou bastante densas; em perfeita ordem ou caóticas; fragmentadas ou compactas. As crianças devem ter oportunidades de interagir com as sombras (e também com os raios de luz), que tornam-se ativas e interessantes para a produção de "coreografias" autônomas do ambiente.

composição

Na luminotécnica, o foco está geralmente na definição da *quantidade* exata de luz necessária para realizar certas funções em um dado ambiente. Um aspecto complementar, porém normalmente levado menos em conta, é a *maneira* como a quantidade desejada de luz é produzida; isto é, a composição do cenário luminoso.

Dependendo de como as variáveis desta composição forem utilizadas (variáveis como o número e o tipo de fontes de luz, sua posição em relação ao observador e no ambiente, e os efeitos de iluminação individuais), dois espaços idênticos com a mesma *quantidade* de luz podem ter cenários luminosos totalmente diferentes.

geometria

A luz externa entra nos ambientes internos basicamente em três direções:

- lateralmente;
- de cima;
- de baixo.

O caráter natural da iluminação entrando por aberturas horizontais é aprimorado com o uso de portas de vidro, e permanece mesmo com a presença de várias portas, janelas ou portas de vidro, que dão uma qualidade artificial à luz, que na natureza vem de uma única fonte, enquanto que uma série de aberturas situadas em um mesmo espaço fazem com que a luz natural se torne artificialmente policêntrica.

A luz que vem de cima, também chamada de luz "zenital", pode acabar dando ao ambiente uma sensação de subterrâneo, escuro e triste, que lembra o arquétipo de uma caverna ou de uma vala, e afeta enormemente nossa capacidade de habitar o espaço. Por outro lado, se considerarmos o significado místico da luz que entra de cima nos templos religiosos, ou o seu uso nos teatros, o efeito é o oposto: a atmosfera torna-se mais pura e alegre.

Um espaço com iluminação que vem de baixo pode ser definido, para fins didáticos, como "lagunar", pois na natureza este tipo de iluminação ocorre apenas por meio de reflexão em porções de água, que amplificam, intensificam e invertem a luz solar, dando uma sensação de leveza aos volumes. Iluminação artificial vinda de baixo sempre produz efeitos dramáticos e misteriosos, fazendo com que o sujeito iluminado flutue em uma dimensão não natural.

lateral

zenital

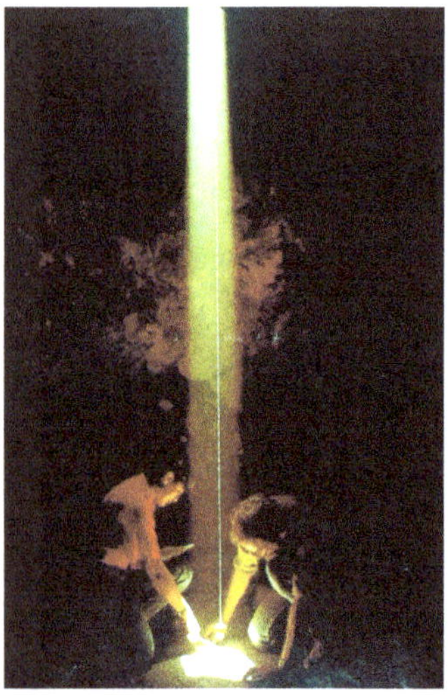

lagunar

cor

A temperatura da luz e a qualidade cromática de seu espectro são duas características de enorme importância que determinam a "cor" da luz.

Estamos acostumados a pensar na luz natural como branca e neutra, deixando de considerar sua natureza física específica ou as variações consequentes que ocorrem no decorrer de um dia.

É importante estar ciente da composição de um cenário luminoso artificial (que geralmente é o resultado da luz em diferentes temperaturas) e de seus efeitos nas respectivas sombras.

Uma composição policromática do espaço reforça a complexidade de sua articulação espacial; um ambiente explicitamente monocromático pode ser igualmente interessante por sua forte condição perceptiva.

Variações na temperatura da luz, de fria/azulada para quente/amarelada, podem modificar profundamente a natureza perceptiva de um lugar, assim como retratá-lo com precisão em nossa memória.

monocromática

policromática

luz fria

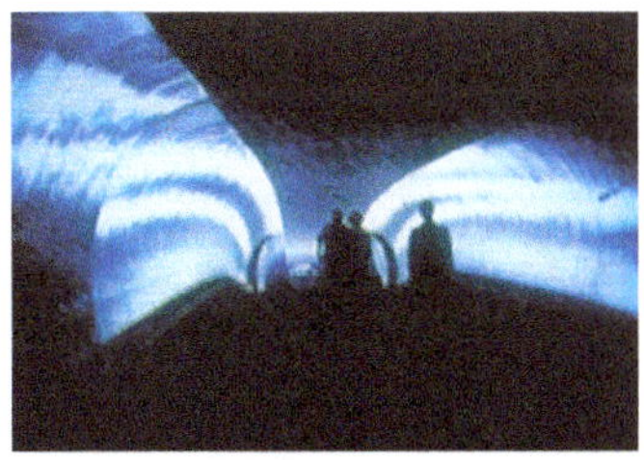

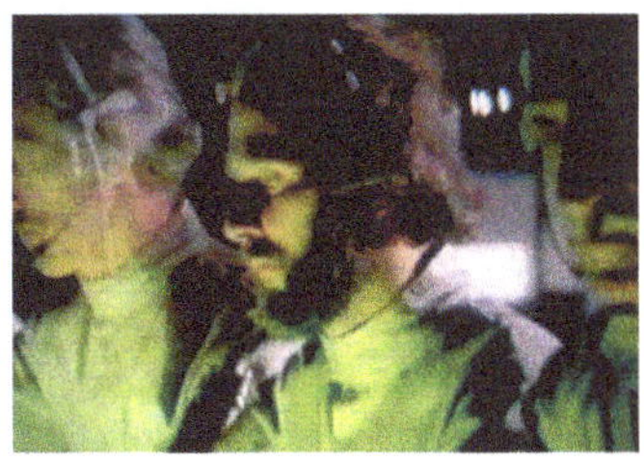

luz quente

textura

A miríade de reflexões espalhadas em ondas agitadas pelo vento e os flocos dispersos em uma paisagem coberta por neve fraca são manifestações vívidas de luz que não cansa os olhos com facilidade. A luz pode ser quebrada para criar um padrão consistente e harmonioso, para projetar um todo que seja rico em microelementos luminosos, criando o que podemos chamar de luz "texturizada".

O feixe de luz, então, pode ser visto em sua natureza molecular e em ondas, criando harmonias complexas e motivos decorativos imateriais. O efeito é parecido com o de um mosaico bizantino, composto de infinitas tesselas de luz modular que recuperam uma luz original, pura e distante.

sombra

Um espaço pode ser transformado profundamente pelas diferentes maneiras em que é caracterizado por sombras. As três variáveis em jogo são a natureza da fonte da sombra, as características do ambiente em si e a disposição dos objetos presentes.

As sombras têm características materiais: elas podem ser diáfanas e quase imperceptíveis, o que é característico de paisagens com névoa, ou criar situações mais contrastantes e volumétricas ou plásticas com uma harmonia quase escultural.

As sombras também podem ser definidas considerando sua geometria; percebemo-nas ou compactas, definidas formalmente como sombras, sombras "autênticas", ou mais puntiformes, com efeito granular, e é mais difícil identificar sua fonte.

Em ambientes nos quais as relações entre a sombra e a fonte de luz são complexas em termos espaciais, as sombras podem parecer ordenadas ou desordenadas, deformadoras ou definidoras da percepção que temos do espaço.

ordenada

desordenada

plástica

diáfana

homogênea

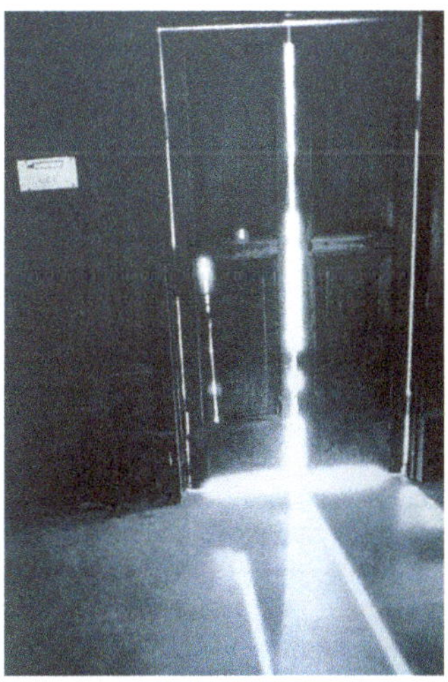

heterogênea

modelagem

O índice de *modelagem* da luz é um fator fundamental na interpretação de um ambiente ou de um objeto: o jogo de claro/escuro cria um efeito tridimensional que torna nossos olhos capazes de avaliar espacialmente um objeto com maior ou menor facilidade.

Por um lado, encontramos situações em que a iluminação é homogênea e sólida, nas quais há quase uma sobreposição entre a fonte de luz e o objeto iluminado; nesse caso, a luz torna-se manipulável, uma substância plástica a ser modelada como bem entendermos.

Existem outros contextos nos quais o jogo de claro/escuro é forte, separando o sujeito do contexto ou criando um cenário rico em detalhes formais e profundidade volumétrica. Artistas vêm usando esta propriedade ao longo dos séculos visando ao mais elevado efeito expressivo.

Elementos de projeto

fontes de luz natural

quantidade

A quantidade de luz natural é uma das características mais importantes da iluminação de interiores, primeiramente por questões biológicas, mas também porque uma grande quantidade de luz natural nos torna capazes de "sentir" o exterior, as variações das condições meteorológicas, da hora do dia e das estações. É importante que as crianças sintam-se em harmonia com o ambiente do lado de *fora* da escola e que elas estejam cientes das mudanças que ocorrem.

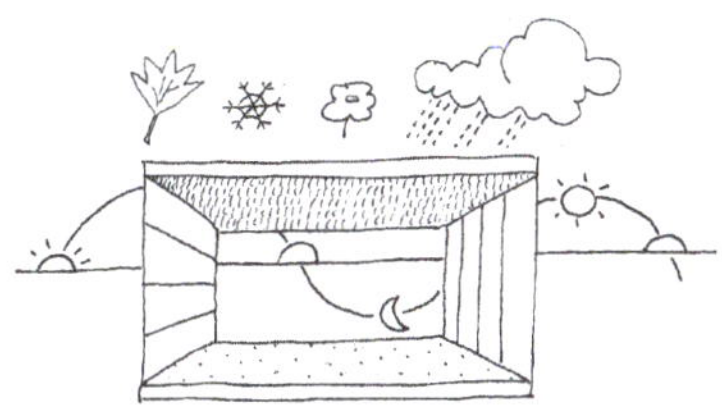

variação

A luz do dia, mesmo quando abundante, pode ter intensidade variável graças ao uso de sistemas de filtro, tais como venezianas de bambu, caramanchões, cortinas e persianas, papel texturizado e outros materiais texturizados, ou trabalhos das crianças com materiais transparentes (pinturas, esculturas, colagens).

É importante que as crianças tenham a oportunidade de regular e manipular a luz natural de forma autônoma.

As crianças gostam de estar em situações nas quais a luz natural é usada de diferentes formas: desde uma luz forte e difusa, passando por um feixe mais direto, até situações com pouca iluminação, quando está quase escuro.

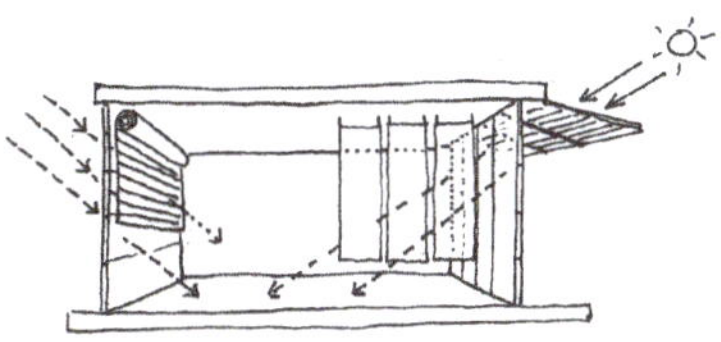

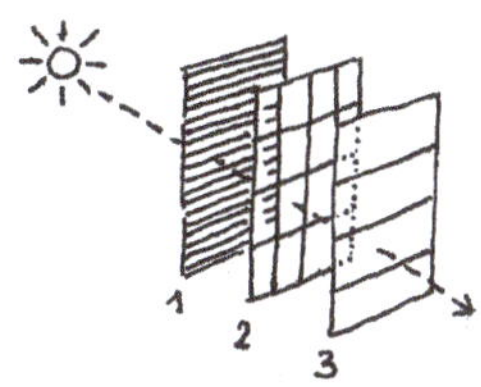

distribuição

Uma distribuição arquitetônica bem equilibrada da luz natural – isto é, vinda tanto de dentro quanto de fora do prédio (com o uso de jardins fechados e pátios internos) – oferece um número de vantagens e multiplica os contextos interessantes.

Uma origem multidirecional (mesmo que em pequeno grau) da luz, com predomínio das paredes laterais, cria um efeito relaxante.

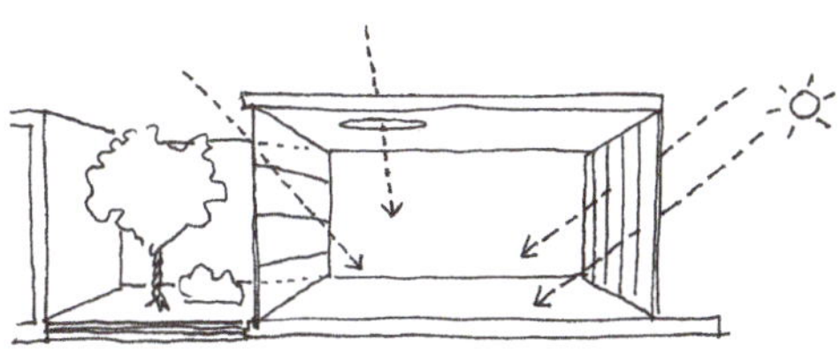

profundidade de campo

Cones de luz e variações da luz natural possibilitam a regulagem da profundidade de campo de um espaço, atingindo um senso de contraste maior e uma percepção do espaço mais apurada ou, pelo contrário, um ambiente mais "plano", dependendo das necessidades específicas.

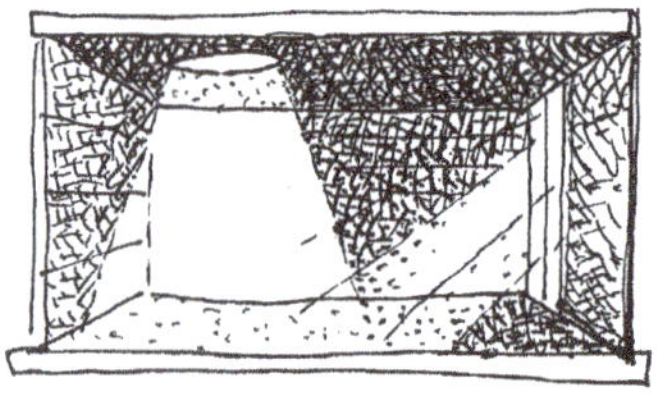

fontes de luz artificial

utilizando uma série de fontes diferentes

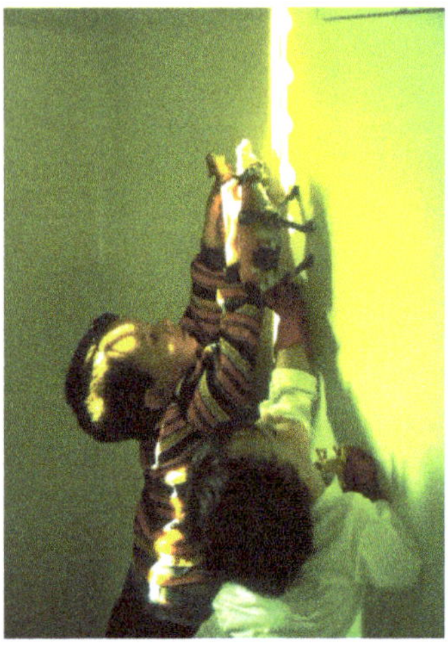

A distinção entre luz natural e luz artificial é, na verdade, uma mera convenção social. Toda luz, seja vinda do sol ou de uma lâmpada elétrica, é energia radiada gerada pela exploração de recursos naturais. Podemos até dizer que luz artificial *não existe.*
Portanto, é perfeitamente natural misturar a luz do sol (usando diversos filtros) com outras fontes de luz, assim como é natural misturar diferentes tipos de fontes: incandescente, fluorescente, néon, e assim por diante. O cenário luminotécnico não se torna apenas mais variado, mas também pode explorar as diferentes características técnicas, expressivas e habitacionais de cada tipo de luz.

A experiência das creches e pré-escolas de Reggio Emilia também mostra a importância de utilizar fontes de luz não tradicionais como retroprojetores, telas de televisão, telas de computador, *videogames* e espelhos (zonas de luz com cantos de sombras), que as crianças adoram explorar e manipular.
Até mesmo um simples projetor de *slides* com lentes grande-angular, associado a sons e odores, é capaz de criar espaços virtuais para as crianças aproveitarem.

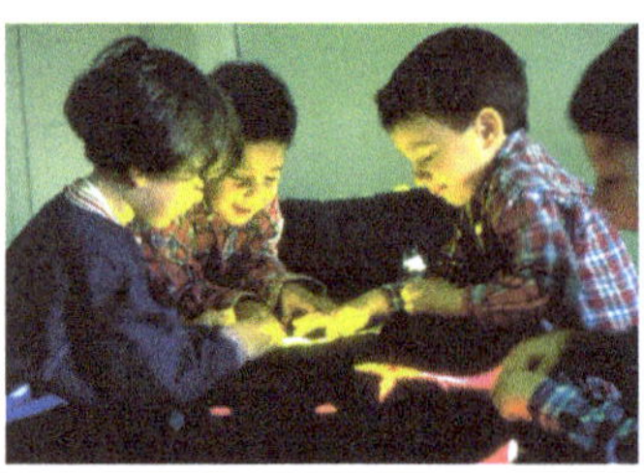

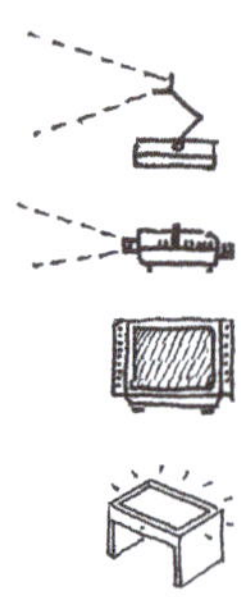

iluminação mista

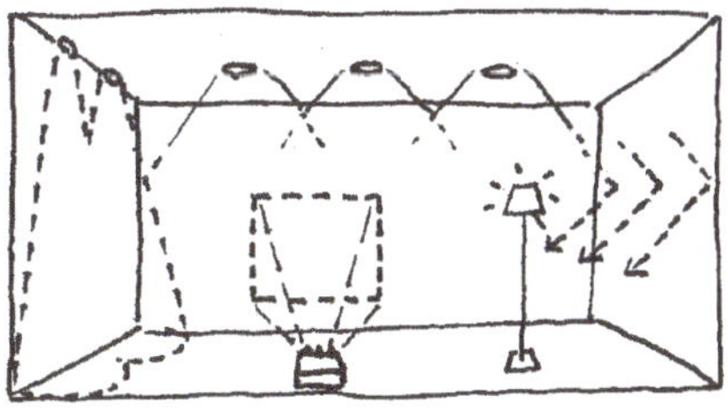

Uma característica que deve ser destacada nas escolas é uma espécie de iluminação "indireta" mista ou virtual, na qual a fonte da luz raramente é visível e a luz sempre parece ser indireta. Na verdade, a luz é tanto direta quanto indireta, mas os dois tipos não podem ser distinguidos claramente devido ao uso de filtros e de uma série de reflexões e microrreflexões da "segunda pele" dos materiais e painéis de comunicação que cobrem as paredes. Desse modo, a luz vem das paredes, do teto, das mesas e dos objetos.

manipulabilidade

Em um ambiente escolar, deve ser possível e fácil obter diferentes gradações e intensidades de luz, até a escuridão total.
Deve haver diversos pontos de luz artificial, possibilitando vários tipos de luz e iluminação parcial ao mesmo tempo no mesmo ambiente. Ter uma série de fontes de luz que podem ser movidas facilmente assegura a flexibilidade desejada do cenário luminotécnico.
Também é importante fornecer compensação para a luz natural quando necessário (p. ex., quando a luz em um dia chuvoso se torna muito *fria* e altera as cores), a fim de permitir uma percepção eficaz das atividades correntes.
Na medida do possível, essas variantes devem ser acessíveis às crianças, para que elas possam usá-las e explorá-las de maneira autônoma: a luz, tanto natural quanto artificial, torna-se um material visível quando é reconhecida, manipulada, filtrada, eliminada e assim por diante.

Características do cenário luminoso

Podemos resumi-las com uma lista de qualidades do cenário luminoso de um ambiente escolar. Ele deve ser:

– diferenciado, variado e complexo: a luz é ubíqua, pura, difusa; no conjunto da iluminação total há ênfase em algumas partes, descontinuidades que delimitam territórios ou contextos específicos, incluindo luzes tanto na configuração "constelação" quanto direcional;

– policromático: usa-se tanto luz quente quanto fria para delimitar espaços ou caracterizá-los, criando um cenário variado e não homogêneo e monótono;

– dinâmico: as fontes variam, o tempo de uso é diferente; variantes (natural e induzida) na iluminação natural combinam-se com variantes (induzidas) da iluminação artificial – quem as manipula são as crianças e os professores (acendendo ou desligando lâmpadas, variando sua intensidade, movendo-as, filtrando-as, sobrepondo-as, cobrindo-as, unindo-as, etc.);

– rico em meia-luz: as nuances das situações com pouca luz devem ser valorizadas e desenvolvidas, interpretadas como um fundo no qual exceções luminosas podem ser inseridas a fim de criar condições de iluminação interessantes, como o estado do acesso a informações digitais. Este contexto de meia-luz também cria diferentes tipos de sombras: densas, definidas, manipuladas, complexas, difusas;

– rico em luz texturizada, tanto natural quanto artificial (obtidas por meio de aberturas nas paredes, treliças, filtros, tecidos, etc.), assim como iluminação "total"; com paredes cobertas de luz, sendo luz de fundo ou "luminescente", como os papéis de parede nas casas tradicionais japonesas;
– com situações híbridas; isto é, situações com materiais que modificam a luz: sombras coloridas (usando materiais translúcidos como Plexiglas, vidros e plásticos) e cores transparentes (p. ex., a cor de uma folha de papel de seda pendurada em uma janela ou colocada sobre um retroprojetor).

Imagens

Criando cenários luminosos
(p. 54)

Le Corbusier, interior da igreja de Notre Dame du Haut em Ronchamp, 1959 – Simulação do cenário luminotécnico por computador

Las Vegas, detalhe da fachada do Cesar's Palace, 1997

(p. 55)

Criança imersa em uma projeção luminosa, pré-escola municipal Diana, Reggio Emilia

Interior da Mesquita Azul (Sultanhamet Camii), em Istambul, Turquia

Vincent Van Gogh, *O Café à noite na Place Lamartine*, 1888, Galeria da Universidade de Yale, New Haven

(p. 56)

Arcada no sul da Espanha

Interior de *Topkapi Sarayi*, Complexo do Palácio Imperial de Istambul

Feixe de luz zenital durante uma missão arqueológica

Coberturas para o verão nas ruas de Sevilha, 1995

Iao Ming Pei, pirâmide do Louvre em Paris, vista à noite

Fotograma do filme "2001: uma odisséia no espaço", de Stanley Kubrick, 1968

Simulação de um interior, Design Vision Inc., 1991

(p. 57)

Panorama do litoral

Fotograma do filme "Paris, Texas", de Wim Wenders, 1984

Jorn Utzon, Ove Arup & Partners, *Casa da Ópera de Sydney*, Novo Gales do Sul, 1956

Reflexão no topo de uma escada rolante de aeroporto

Luz "branca" incidindo a partir de telas

Fotograma da animação "A bela e a fera", Walt Disney, 1991

Imagem do Teatro La Scala visto de cima, por Giorgio Lotti

(p. 58)

Interior de uma casa japonesa com papéis de parede

Feixes de luz em um interior moderno

Jean Nouvel, interior do Institut du Mond Arabe (IMA), Paris, 1989

Interior árabe

(p. 59)

Névoa em Veneza, foto de Fulvio Roiter, 1974

Paisagem, foto de Ansel Adams

Interior com raio de luz

Le Corbusier, detalhe do interior de Notre Dame du Haut em Ronchamp, 1959 – Simulação

Las Vegas, ambiente urbano

Giorgio De Chirico, *Piazza d'Italia*, 1915, Roma, coleção particular

Texturas de sombra em um interior

(p. 60)

Enlighted man, foto de Duane Michaels, 1982

Esculturas japonesas em fibra de papel

Sombras no pôr-do-sol, foto de Ferdinando Scianna

Elementos de projeto
(p. 61)

Afresco em material transparente feito por crianças de 5 anos, pré-escola municipal Diana, Reggio Emilia

Combinação de papel e luz feita por crianças de 4 e 5 anos, da exposição "As cem linguagens da criança"

(p. 62)

Interior de um lar japonês tradicional

Crianças brincando com um raio de luz, creche municipal Rodari, Reggio Emilia

Brincadeira e experimentação com mesa de luz, creche municipal Rodari, Reggio Emilia

Brincadeira e experimentação com mesa de luz, pré-escola municipal Diana, Reggio Emilia

Mesa de luz em miniateliê, pré-escola municipal Diana, Reggio Emilia

Criança imersa em objetos projetados com retroprojetor, pré-escola municipal Diana, Reggio Emilia

(p. 63)

Vista do jardim interno a partir da *piazza*, pré-escola municipal Diana, Reggio Emilia

Crianças conversando enquanto trabalham à mesa de luz, pré-escola municipal Diana, Reggio Emilia

Traços luminosos feitos com lanternas, pré-escola municipal Girondo, Reggio Emilia

Brincadeira à meia-luz: cada criança tem uma "caixa vagalume" (pequenas caixas com lanternas), pré-escola municipal Villetta, Reggio Emilia

Características do cenário luminoso
(p. 64)

Jean Nouvel, Institut du Mond Arabe (IMA), Paris, 1989

Aproximação de uma tela de computador

Desenhando com a luz usando um perfurador, crianças de 5 anos, pré-escola municipal Villetta, Reggio Emilia.

Teto com aberturas na alvenaria do *harem de Topkapi Sarayi*, Istambul, Turquia

Jean Nouvel, interior do Institut du Mond Arabe (IMA), Paris, 1989

Interior da *Mesquita* de Córdoba, do século VIII

(p. 65)

James Turrell, cenário de luz com luz fluorescente indireta, Virga, Varese, 1976

Shigeo Fukuda, trabalho com escada e sombra não correspondentes

Shigeo Fukuda, trabalho com objeto que gera duas sombras diferentes

Camadas de cebola sobre vidro: trabalho com luz feito por crianças de 4 anos, pré-escola municipal Diana, Reggio Emilia

cores

A harmonia das cores

As crianças têm um amor natural pelas cores e respondem a elas de maneira espontânea. No geral, os adultos tendem a ver as cores vivas e fortes como os elementos cromáticos mais apropriados para os objetos e ambientes das crianças, porém não há certeza de que isso realmente corresponda às suas escolhas. O psicólogo Karl Luscher (autor do reconhecido teste que relaciona cores e diagnósticos de personalidade) indica uma certa escala das preferências naturais das crianças (do vermelho, amarelo, laranja, cores puras, até o roxo acinzentado e as cores escuras). A pesquisa realizada nas creches e pré-escolas de Reggio Emilia, no entanto, mostra uma variedade maior nas preferências por cores.

Enquanto a influência das cores em plantas e certos insetos tenha sido comprovada cientificamente, o mesmo não aconteceu em relação aos humanos. A preferência por cores é, antes de tudo, um fenômeno cultural: a resposta estritamente biológica e psicológica é extremamente limitada.

A cor também pertence a uma categoria que, desde a época de Locke, é definida como parte das "qualidades secundárias" (altamente subjetivas), a fim de distingui-las das "qualidades primárias" (como peso, força, dimensões, etc.), que são, por definição, objetivas, mensuráveis e podem ser atribuídas à natureza das coisas.

Assim como ocorre com todas as qualidades secundárias (paladar, tato, olfato, etc.), a cor não pode ser medida. Se, por exemplo, de um ponto de vista ergonômico a altura desejada de um assento para um grupo de pessoas seja 43cm, enquanto para outro grupo seja 45cm, um assento de 44cm talvez não seja o ideal para nenhum dos dois grupos, mas pode constituir um acordo satisfatório.

Se, por outro lado, um grupo ama amarelo e o outro ama vermelho, a cor intermediária, o laranja, provavelmente será insatisfatória para ambos os grupos. Assim, a cor gera uma reação precisa que é diferente para cada grupo de usuários.

Por esta razão, um espaço de convivência não deve ser monocromático, mesmo que seja perfeitamente calibrado em todos os seus tons, como pode acontecer em ambientes com certa configuração. É melhor que o espaço seja policromático, para que cada usuário possa entrar em sintonia com suas próprias preferências por cores.

No mecanismo de percepção conhecido como "contraste simultâneo", as cores complementares (aquelas que produzem um tom de cinza quando misturadas) tendem a acentuar uma a outra quando postas lado a lado. Devido a esse efeito, é preferível que as cores individuais em uma combinação policromática não sejam muito fortes, já que esse tipo de contraste é realçado com sua proximidade.

Além disso, uma presença cromática significativa é fornecida pelas próprias crianças, com suas roupas e os objetos que levam para a escola. Portanto o ambiente não deve ser saturado de cores ou autossuficiente em termos cromáticos quando as crianças e os objetos estiverem ausentes; ele deve ser ligeiramente neutro para que o equilíbrio seja alcançado quando estiver sendo ocupado. Do ponto de vista espacial, as cores desempenham um papel importante na definição da perspectiva e disposição do ambiente. Algumas cores parecem mais próximas (como o vermelho e o amarelo) e tendem a ser vistas como primeiro plano, enquanto outras (como verde e azul) tendem a ser vistas como segundo plano. Também há cores que funcionam como ênfase (em geral as mais puras e saturadas) e outras que definem o segundo plano nas quais as cores de ênfase se destacam. Também há cores leves (tons suaves) e cores pesadas (tons escuros), cores etéreas (os tons pastel e a cor das luzes) e cores mais materiais (em geral as bastante saturadas, escuras), cores quentes (cores da terra: bege, areia, amarelo, laranja, vermelho) e cores frias (aquelas do mar e do céu: azuis e verdes).

A cor

A cor é uma sensação produzida pela ação da luz nos fotorreceptores dos olhos. O olho humano possui quatro tipos de fotorreceptores, um deles é sensível à intensidade da radiação luminosa (que governa as sensações de claro e escuro), e os outros três são sensíveis à onda de frequência que determina as diversas cores e sombras. Apesar dos diversos estudos e pesquisas científicas realizados, o mecanismo básico que torna capaz a percepção das cores ainda não é claro, mas parece depender principalmente da combinação de informações que chegam dos fotorreceptores.

Há dois componentes semânticos que devem ser considerados com atenção em termos de cor.
O primeiro é a distinção entre "cor intrínseca" e "cor aplicada".
Cor intrínseca é aquela que pertence à natureza do objeto, que é atribuída à sua constituição. Cor aplicada é aquela que lhe é sobreposta, por exemplo, por meio de pintura. O resultado da pintura pode transmitir uma sensação de alegria (como uma espécie de manipulação alquímica que muda a superfície do objeto), mas também tende a dar uma sensação de artificialidade aos objetos, um efeito que às vezes pode ser desagradável.

cores intrínsecas

cores aplicadas

cores existentes

O segundo componente semântico em termos de ambiente é a distinção entre "cor existente" e "cor introduzida".

A primeira é a cor do ambiente com o qual estamos trabalhando; a segunda é a que introduzimos de maneira mais ou menos consciente no decorrer de nosso trabalho.

Mesmo que um espaço com um forte componente de uma cor existente possa ser de grande qualidade e muito atraente, falando em linhas gerais, é importante que o ambiente escolar não anule a intervenção cromática dos habitantes, mas que ofereça um fundo que possa ser revestido com uma "segunda pele" resultante da criatividade individual.

cores introduzidas

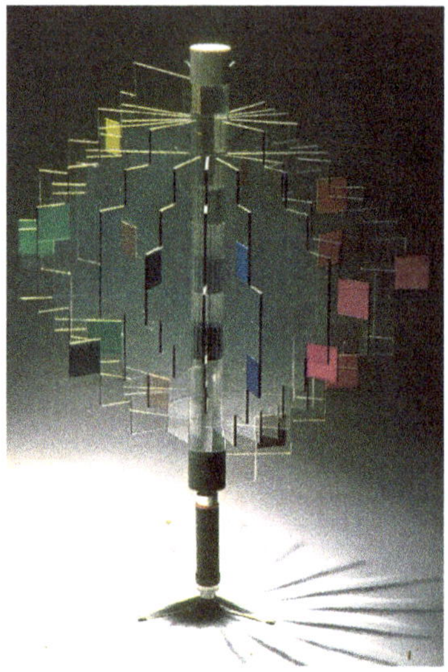

O Sistema Munsell

O Sistema Munsell de classificação faz referência a amostras visuais. As cores são especificadas de acordo com três atributos: matiz, valor e croma. O matiz indica a cor: amarelo, verde, vermelho, e assim por diante. O valor indica a quantidade de luz que uma cor parece refletir. O croma representa o grau até o qual a cor tende a parecer cromaticamente pura em relação ao cinza de brilho igual. As cores são classificadas de acordo com esses três atributos em escalas de distância visual uniforme em três dimensões no espaço. No sólido assim obtido, o eixo central das cores neutras representa a escala de brilho, que vai do preto (na base) até o branco (no topo). A distância a partir do eixo indica o valor de saturação, enquanto os matizes são organizados em um círculo ao redor do eixo. O Sistema Munsell é ilustrado em uma espécie de "Atlas das cores", chamado de The Munsell Book of Color, *que inclui um número limitado de amostras cromáticas padrão. Ao comparar essas amostras, usando técnicas de interpolação, é possível especificar qualquer tipo de cor. Cada página do Atlas corresponde a um corte vertical do sólido cromático.*

Do Sistema Munsell derivam vários instrumentos de trabalho, cartas de cores em "grupos" ou organizadas em um manual que, em muitos casos, contém a completa gama de cores perceptíveis (diferente das cartas de cores fornecidas por fabricantes de tinta, que oferecem uma gama de matizes pré-selecionados e, portanto, com uma identidade cromática já estabelecida). O NCS (Natural Color System), um dos instrumentos mais utilizados e completos desse tipo, permite identificar uma cor de forma unívoca, independentemente do produto ou do país.

Elementos de projeto

a presença da cor

Assim como acontece com a luz, a identidade da cor é um produto do contexto cultural existente.

Em relação a ambientes escolares, a identidade e o uso de cores são fortemente influenciados pela atual imagem cultural da criança. Geralmente, uma imagem simplificada da criança leva a cenários cromáticos também simples, com resultados duvidosos: a presença de cores primárias altamente saturadas (vermelho, amarelo, azul) ou o predomínio de cores bem claras (amarelo, rosa e azul pastel) que dão um efeito de "berçário".

Em contrapartida, uma imagem mais complexa da criança, situada em nosso contexto atual, implica um cenário cromático mais rico e diversificado, ampliando as possibilidades de uso da cor.

O cenário cromático deve ser rico, envolvendo todas as variantes de identidade das cores sem, contudo, criar um efeito "cacofônico"; em vez disso, um resultado equilibrado, que crie harmonia.

Para esse fim, as cores primárias, secundárias e terciárias podem estar todas presentes, mas com o cuidado de utilizar as cores primárias com pouca saturação (com um efeito "pulverizado") ou com texturas, e as cores terciárias de uma maneira mais pura e volumétrica. Também deve haver um equilíbrio entre tons "quentes" (vermelhos, rosas, amarelos) e tons "frios" (azuis e verdes).

O cenário cromático deve incluir tanto cores de superfície (sintáticas, volumétricas, sobrepostas, como tintas grossas) e cores icônicas (volumétricas, "naturais", como as de gemas, madeiras, vidros e pedras), quer dizer, tanto materiais pintados quanto materiais com suas próprias cores. Também deve haver cores compactas e texturizadas; que englobem o ambiente e que pareçam películas finas; opacas e transparentes.

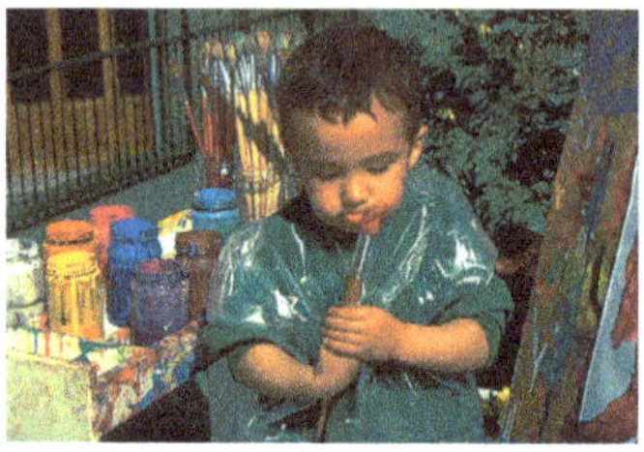

a distribuição das cores

O objetivo é fornecer para as crianças (e para os adultos) variedade e complexidade cromáticas suficientes, uma riqueza de percepção total que seja estimulante para a formação do conhecimento e para os processos de construção de identidade.

A presença das cores também deve incluir suas identidades híbridas: pinturas com efeito de jato de tinta, tintas metaméricas (que mudam a aparência de sua cor de acordo com as variações das condições meteorológicas), tintas suaves ao toque, e cores transparentes (materiais nos retroprojetores, materiais translúcidos, desenhos transparentes, desenhos feitos com perfurações no material, projeções, paredes de vidro, treliças, serigrafia).

O espaço e os objetos podem ter características cromáticas diferentes. Enquanto a cor do ambiente deve ser predominantemente delicada e discreta, os objetos podem ser mais coloridos.

O resultado é um ambiente colorido, mas não "saturado" de cores, de modo que o cenário cromático possa ser completado pelas crianças quando elas ocuparem e manipularem o espaço.

O ambiente tem certas funções cromáticas (corrigir a claridade, realçar as identidades de certos espaços) e ao mesmo tempo deve conter todos os objetos dispostos e em uso, os produtos das crianças, os móveis e os instrumentos de comunicação (painéis, quadros, etc.), bem como as próprias crianças, sem "revestir" tudo com uma cor dominante inicial. Isto significa ter uma identidade cromática com qualidades específicas mas que fica completa quando o espaço é ocupado por pessoas e coisas.

Nessas condições, o piso deve oferecer uma base neutra. Ele não precisa ser necessariamente cinza; mas, por exemplo, pode ser deixado sem decorações desnecessárias. O teto é usado com o objetivo maior de controlar a luminosidade (com telas ou outros dispositivos) em vez de focar nas cores. As paredes, como plano de fundo para comunicação, documentação, produtos e objetos, devem ser cromaticamente "hospitaleiras"; isto é, é melhor ter uma única cor que age como a base que sustenta as imagens penduradas nas paredes e que dá ao espaço um elemento unificador. A mesma qualidade de percepção se aplica às superfícies dos materiais de apoio geralmente afixados nas paredes – uma espécie de "segunda pele" nas quais as imagens e documentações do projeto são penduradas. As estruturas das portas e janelas também conservam esta característica de "plano de fundo". Os móveis básicos (estantes, armários, etc.) podem ser caracterizados com cores mais salientes, ainda que preferencialmente com baixa saturação ou monocromáticos, a fim de dar um tom cromático forte mas não exaustivo, que será completado quando for utilizado.

Determinados móveis que têm uma conotação didática ou ambiental particular, por outro lado, podem ter uma função de destaque, desempenhando um papel importante no cenário cromático, parecido com o papel dos objetos, da comunicação e das pessoas.

Características do cenário cromático

"contexto" atual: harmonia cultural e histórica

A escolha das cores de um espaço escolar e de seus móveis é influenciada grandemente pelas referências culturais básicas presentes na filosofia pedagógica. Portanto, é importante que as características do cenário cromático tenham certa permeabilidade quanto a pesquisas culturais contemporâneas e quanto ao raciocínio em outras áreas do conhecimento (*design*, cinema, arte, etc.), destacando a "sintonia" entre as épocas.

Estudos sobre as reações biológicas da espécie humana às cores, realizadas especialmente nas áreas de psicologia e psiquiatria, também devem ser vistos em relação ao momento histórico dos sujeitos (as crianças de hoje), e então verificados e filtrados pela cultura contemporânea, pois a percepção sensorial também está sujeita a variações e mutações em relação à mudança cultural.

uma ampla variedade de tons em equilíbrio e harmonia

Ainda que sujeita a variações no decorrer do tempo, a escolha das cores a serem usadas no ambiente escolar deve dar prioridade a certos aspectos invariáveis, tais como harmonia, serenidade, atratividade, luminosidade e animação.

O uso de cores primárias (vermelho, amarelo, azul) de uma forma pura, volumétrica e agressiva deve ser evitado, dando-se preferência a uma modulação de matizes, meios-tons, cores híbridas e cores mutáveis ou compostas. Obviamente, vermelho, amarelo e azul continuam presentes, mas devem ser usadas em níveis adequados de saturação e brilho, em uma coexistência natural com cinzas e meios-tons.

O efeito cromático global deve ser harmonioso. Uma única cor que for usada amplamente deve ser atenuada pela combinação com outras cores que sejam complementares ou "absorventes". O resultado final deve conter tons médios e deve ser percebido como equilibrado, embora ainda contendo muitos "aromas" cromáticos.

riqueza sensorial e cultural do cenário cromático

A riqueza do cenário cromático em uma escola permite que as crianças desenvolvam determinadas sensibilidades e conhecimentos que, se não forem postos em uso quando as crianças forem bem pequenas, são difíceis de recuperar quando adultas. Então as cores não são apenas intrínsecas e aplicadas, opacas e transparentes, quentes e frias, mas também têm diversas qualidades táteis (sedosas, brilhantes ou ásperas) que oferecem uma identidade sensorial mais complexa e possibilitam a existência de explorações e sensações mais variadas.

o uso não simbólico das cores

O uso das cores não precisa ser necessariamente indicativo ou simbólico, mas deve ser, preferencialmente, "cultural"; em outras palavras, as cores devem ser usadas para criar atmosferas e cenários em harmonia com a estética e sensações contemporâneas e com os valores a serem incorporados ao espaço (como os citados nas *palavras-chave*).

As cores dos móveis funcionam da mesma maneira. Por exemplo, o telhado de uma casinha de brincar não precisa ser pintado com cor de telha para representar uma casa de verdade, ele pode ser pintado com tons de azul para encorajar a metáfora e abrir espaço para as interpretações das crianças, deixando-as completar o ícone.

o cenário cromático ao ar livre

Também é interessante considerar os cenários cromáticos que podem ser criados nas áreas ao ar livre usando elementos da natureza (plantas, flores, árvores, madeira), que podem ser modificados de acordo com o período do dia e a mudança das estações.

Imagens

A harmonia das cores

(p. 68)

Luis Barragán, casa para Folke Egerstrom, Cidade do México, vista do lago para os cavalos, 1966-68

Legorreta Arquitectos, casa em Santa Fé, Novo México, EUA, 1986-88

Luis Barragán, casa para Francisco Gilardi, Cidade do México, 1975-77

(p. 69)

Experimentos cromáticos, exposição "As cem linguagens da criança"

(p. 70)

Estátua, sendo sua cor definida pelo material por que é composta

Folha, sendo sua cor definida pelo material por que é composta

Natureza morta

Pintinhos coloridos artificialmente

Interior de uma caverna com coloração policromática

Ettore Sottsass para Mênfis, "Carlton", estante em plástico laminado, 1981

(p. 71)

Interior árabe, com cores naturais; isto é, as cores tradicionalmente presentes

Centro antigo de cidade na Itália, com as cores típicas do cenário, geradas por sua histróa e não por uma intervenção cromática específica

Interior com cores que dependem do projeto, e não são propostas pelas ações

Guarda-roupa com guarda-chuvas pendurados

Camas em um ambiente deserto que traz um elemento cromático típico de "cor proposta", da capa de um LP do Pink Floyd

Competição de balonismo

Experimentos cromáticos, "As cem linguagens da criança"

(p. 72)

Sólido tridimensional do Sistema Munsell

Matriz com diferentes cores

Elementos de projeto

(p. 73)

Monumento em homenagem às cores, papel machê, exposição "As cem linguagens da criança"

Sem título, têmpera, por menina de 4 anos, pré-escola municipal Diana, Reggio Emilia

Monumento em homenagem às cores, detalhes, exposição "As cem linguagens da criança"

Brincadeiras de cores com doces, crianças de 3 anos, exposição "As cem linguagens da criança"

(p. 74)

Observando uma gota cor têmpera, creche municipal Rodari, Reggio Emilia

A gota com cores, creche municipal Rodari, Reggio Emilia

Brincadeiras com o verde sobre a mesa luminosa, meninas de 3 anos, escola Diana, Reggio Emilia

Experimentos cromáticos com instrumentos luminosos, sala da escola municipal de educação infantil Diana, Reggio Emilia

"Verão", grande afresco com cores misturadas, meninas dos 5 aos 6 anos, escola Diana, Reggio Emilia

Características do cenário cromático

(p. 75)

Interior de uma sala de aula, pré-escola municipal Diana, Reggio Emilia

Véus de tecido no teto da sala para crianças pequenas, creche municipal Arcobaleno, Reggio Emilia

Porta e parede da sala de aula para crianças de 4 anos, pré-escola municipal Diana, Reggio Emilia

Criação de uma grande pintura, *Areia movediça*, da exposição "As cem linguagens da criança"

Divisão de grupos de trabalho, sala de crianças de 4 anos, pré-escola municipal Diana, Reggio Emilia

(p. 76)

Mesa de luz, sala de aula na pré-escola municipal Diana, Reggio Emilia

Tapeçaria feita por crianças de 6 anos, da exposição "As cem linguagens da criança"

Refeitório da pré-escola municipal Diana, Reggio Emilia

Legorreta Arquitectos, IBM Southlake and Village Center, Solana, Texas, EUA, 1986-89

Contraste de cores, folhas de metal e lata, feito por crianças de 6 anos, da experiência "As cem linguagens da criança"

(p. 77)

Criação de uma escultura em papel-machê, pré-escola municipal Neruda, Reggio Emilia

Cúpula verde no parque da escola, pré-escola municipal Diana, Reggio Emilia

Piazza na pré-escola municipal Diana, Reggio Emilia

Pátio interno, pré-escola municipal Diana, Reggio Emilia

materiais

Qualidades táteis

Aristóteles se questionava se o toque envolvia realmente um único sentido ou se era uma soma de sentidos, dando ao toque prioridade na hierarquia sensorial. De acordo com filósofos naturalistas, uma sensibilidade aguçada no que diz respeito ao tato de fato correspondia a uma inteligência mais perspicaz.

Hoje sabemos que a pele age como um mediador entre nós e o mundo, de modo que o sentido do tato não pode ser visto com um artifício específico, mas como algo difuso e conectado fortemente com as experiências do indivíduo.

O papel do contato físico tanto no desenvolvimento humano quanto no desenvolvimento animal tem sido amplamente estudado por psicólogos e antropólogos, que analisam, por exemplo, a utilização de panos por parte das peruanas para carregarem seus filhos durante seus primeiros anos sempre em contato consigo, e os efeitos negativos do isolamento tátil nos bebês prematuros em incubadoras.

Pesquisas recentes examinaram as relações entre a topologia da pele, as relações entre as áreas expostas, cobertas e reservadas, e a organização do aparelho psíquico, como uma forma de definir as relações entre o interior e o exterior do indivíduo, entre autonomia e independência. Didier Anzieu, um psicólogo francês da escola freudiana, cunhou a metáfora do "Eu-pele", que pode ser útil para a compreensão da evolução do aparelho psíquico, também em termos de problemas relacionados à derme (eczemas, alergias, etc.), e assim para a leitura das propriedades psíquicas do espaço.

O panorama tátil dos materiais industrializados do pós-guerra até os dias de hoje compreende um mundo que é regular e homogêneo, compacto e contínuo, resultado de um ponto de vista higienista e da lógica de produção em massa e padronizada. Como retaliação, nossa sensibilidade tátil empobreceu devido à frieza do metal, à simplicidade das superfícies plásticas e à madeira alisada com a precisão de uma máquina, criando um cenário material no qual os contrastes são geralmente reduzidos ou, no máximo, manipulados com dificuldade (também ao projetar espaços).

A exploração das qualidades táteis na cultura moderna começou com a pesquisa realizada pelos movimentos históricos de vanguarda e com as provocações dos Futuristas (tato), e não com a experimentação material dos Construtivistas e Cubistas (pinturas táteis de Tatlin).

Mais recentemente, começando pela experiência do Design Radical Italiano, o valor expressivo do tato foi redescoberto. Nos níveis figurativo e decorativo, assim como em pesquisas sobre materiais e acabamentos, diversas hipóteses e soluções foram propostas, visando construir uma "gramática" tátil mais rica.

Nos dias de hoje, a dimensão tátil é analisada minuciosamente e levada em consideração no desenvolvimento de produtos (desde a indústria de cosméticos até a automobilística) e as relações entre a esfera física e a esfera qualitativa e emocional recebem muito mais atenção. Na arquitetura e no projeto de espaços, por outro lado, as pesquisas teóricas mais interessantes vêm de estudos sobre "traçados urbanos" e declives, conduzidos por psicólogos da escola americana de Kelvin Lynch. A natureza tátil do espaço se manifesta tanto em forma de percepção quanto fisicamente; isto é, por sinestesias que envolvem os processos de orientação e de discernimento de espaço de cada indivíduo.

As novas tecnologias de hoje, especialmente aquelas com realidade virtual, tornam possível a análise de trocas táteis entre sujeito e espaço de uma maneira nova: o tato tem sido chamado de o grande vínculo sensorial do futuro, pois as tecnologias eletrônicas requerem interfaces táteis para efetuar a comunicação interpessoal.

De acordo com Derrick De Kerckhove, estudioso do teórico das comunicações Marshall McLuhan, o mundo em si é como uma única "pele" sobre a qual nossos sentidos, exteriorizados e difusos, estendem-se como redes de comunicações.

Na tentativa de descrever os parâmetros táteis de acordo com um modelo psicológico, devemos fazer uma distinção inicial entre duas grandes famílias de parâmetros, uma mais quantitativa e a outra mais qualitativa, que são abordados em conjunto em uma leitura que é uma espécie de matriz:

PARÂMETROS DO ESTÍMULO
- tempo (instantâneo, intermitente, permanente)
- vibração (frequência, amplitude)
- espaço (concentrado, difuso)

PARÂMETROS DA SENSAÇÃO
- troca entre superfície e superfície
- troca térmica (quente/fria)
- contato (liso/áspero, seco/úmido...)
- movimento (brusco/delicado, rítmico/contínuo...)
- troca entre corpo e corpo
- pressão (intensa/branda, flexível/firme...)
- consistência (compacta/maleável, incomprimível/comprimível...)
- movimento (friccional/escorregadio, viscoso/fluido...)

Identidade das sensações por comparação

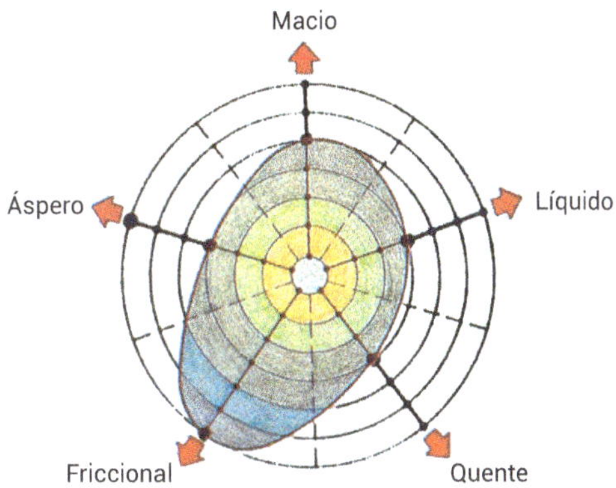

Borracha

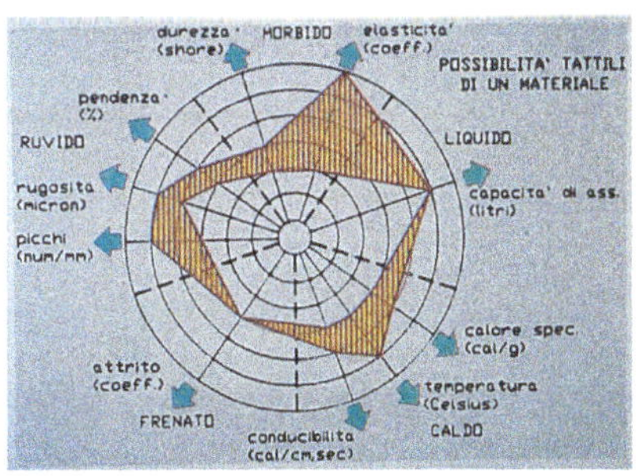

Na prática de projeto, mapas polares são produzidos para possibilitar uma avaliação subjetiva das percepções táteis, que são, então, sintetizadas em uma média.
Em geral, os adjetivos identificados para este tipo de descrição levam em consideração não somente fatores de forma, mas também parâmetros de pressão, temperatura e tipo de movimento.

angular
áspero
compacto
esculpido
fibroso
firme
granítico
grosso

duro

maciço
metálico
pontudo
refratário
rígido
rijo
sólido

absorvente
aquoso
empapado
encharcado
ensopado
impregnado
fluido
gelatinoso
gorduroso
grudento

úmido

impregnado
lamacento
levemente úmido
líquido
molhado
muito molhado
oleoso
pegajoso
suado
viscoso

frio

- congelado
- congelante
- fresco
- frígido
- frio como aço
- frio como pedra
- gelado
- gélido
- glacial
- metálico
- muito frio
- penetrante
- vítreo

abrasivo
acetinado
amargo
árido
áspero
crespo
crostoso
enrugado
enxuto
escamoso
felpudo
frágil

seco

nodoso
puído
quebradiço
ressequido
revestido
rugoso

algodoado
aveludado
cremoso
delicado
doce
dúctil
emborrachado
esponjoso
felpudo
flácido
flexível
frouxo
lanoso

macio

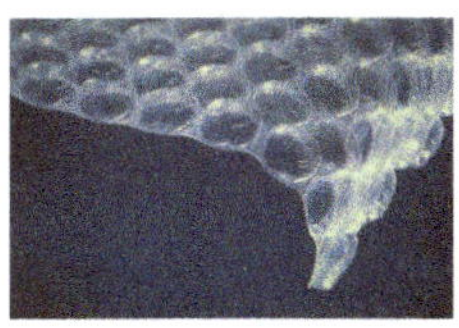

maleável
mole
peludo
polpudo
tenro
túrgido
sedoso
vaporoso

- aquecido
- ardente
- árido
- em brasa
- escaldante
- fervente
- fumegante
- ignífero
- incandescente
- muito quente
- tépido
- tórrido

quente

Elementos de projeto

Na cultura contemporânea do *design*, é importante desenvolver uma *estratégia de uso* para os materiais; isto é, identificar uma política expressiva e poética em relação ao equilíbrio das diferentes naturezas dos materiais no ambiente.

No ambiente atual, na verdade, a maioria dos objetos é projetada com uma mistura de materiais puramente "naturais" e outros materiais não "naturais": tijolos, cerâmica, madeira (revestida, MDF, placas de fibras de madeira, madeira com pintura lavada, à prova d'água, tratada, etc.), metais, plásticos, tecidos e assim por diante. O conceito de "natural" está sujeito à verificação, e a atenção mudou o foco para o grau de manipulação de um material, o quanto ele foi processado e se ele fornece alguma informação sobre suas características "genéticas" ou se elas foram transformadas. Acima de tudo, não há uma escala de valor que corresponda ao nível de proximidade de um estado que seja "mais natural" que outro: a opinião moderna considerou por muito tempo que a redução fosse um fenômeno positivo, enquanto a cultura pós-moderna de hoje valoriza mais, considerando a pessoa em um ambiente, a coexistência de diferentes materiais com lógicas contrastantes, em sistemas descontínuos.

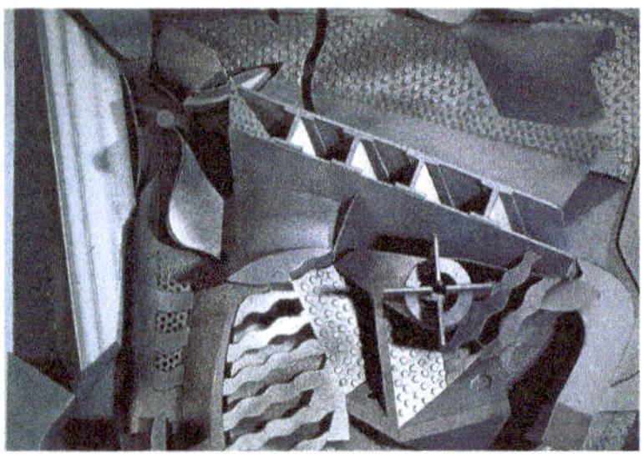

O resultado é um cenário complexo, incluindo diferentes famílias de materiais (madeira, couro, tecido, vidro), materiais de durações diferentes (papéis de parede, cerâmica, pedra, plantas), materiais com uma textura diferente, e assim por diante.

Enquanto agora o cenário doméstico está permeado por essa complexidade material, o ambiente escolar ainda tende a ser caracterizado por uma gama restrita de materiais e cores.

No raciocínio pedagógico, no entanto, a "tatilidade" é uma palavra-chave: tatilidade da boca, das mãos, do corpo inteiro. Pelo toque da pele, crianças muito pequenas exploram o mundo com um "radar" extremamente sensível e inteligente. A criança sente os materiais, a luz e a temperatura, e estabelece relações de simpatia, antipatia e indiferença. A variedade de sensações é ampla. As crianças tocam, acariciam, esfregam e afagam; com uma ou duas mãos, com as pontas dos dedos, palma ou dorso da mão, com as articulações, com os cantos das mãos.

Os estudos sobre tatilidade desenvolvidos nas escolas Reggio Emilia mostraram vários métodos e estratégias para tocar e sentir as coisas: toques leves, afagos, movimentos circulares; mãos que abraçam, apertam, pesam e exploram. Também há diferenças de indivíduo para indivíduo, entre meninas e meninos, e entre idades diferentes. Há mãos e corpos que ouvem atentamente as coisas que tocam, com uma tatilidade que busca relações. Outras mãos e corpos parecem ser mais "opacos", menos curiosos, mais apressados.

A riqueza e variedade do material é, portanto, uma característica indispensável em um ambiente para crianças pequenas, e é essencial que o projeto considere o equilíbrio desse sistema artificial.

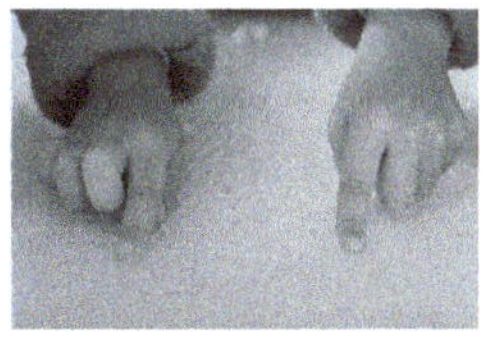

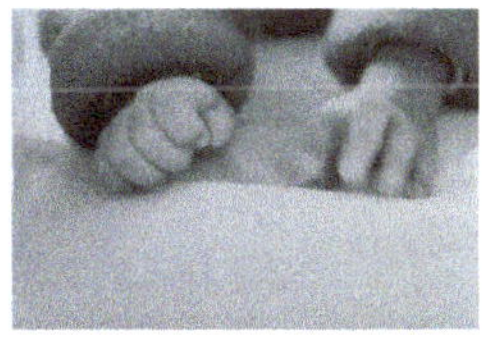

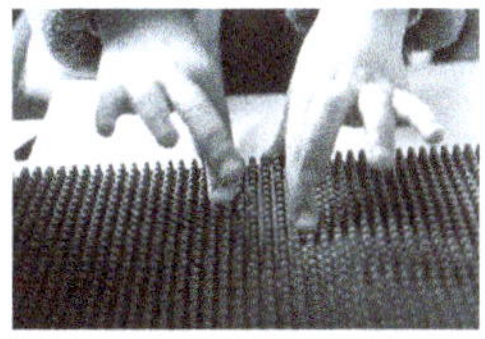

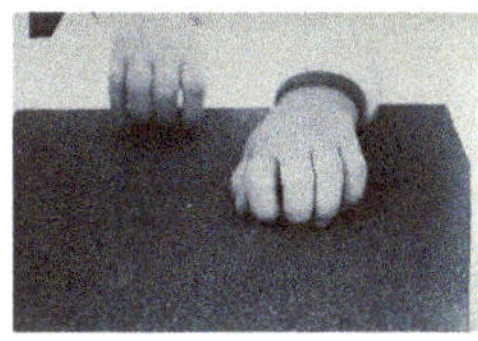

complexidade harmoniosa

A multiplicidade de estímulos sensoriais, em harmonia com uma imagem cultural complexa da criança, deve produzir um resultado que é sinfônico, e não cacofônico. A presença de todas as categorias de materiais (portanto de diversos estímulos táteis) deve ser parte de uma estratégia, um ponto de referência estético-cultural, que filtra e guia cada escolha. Em resumo, o foco central é o projeto e o *designer* (ou melhor, a equipe de arquitetos, pedagogistas e professores) e o vínculo indissolúvel entre as escolhas diárias e os valores básicos de referência.

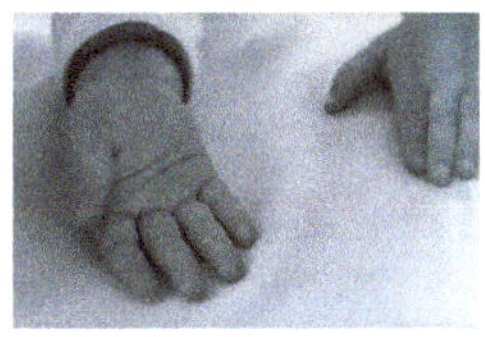

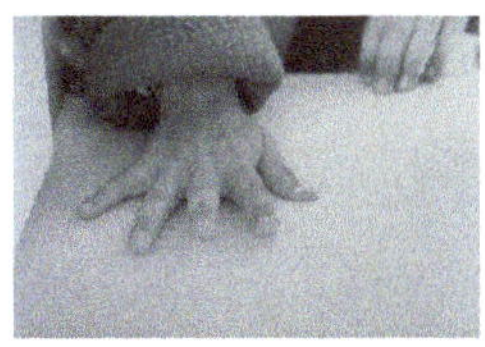

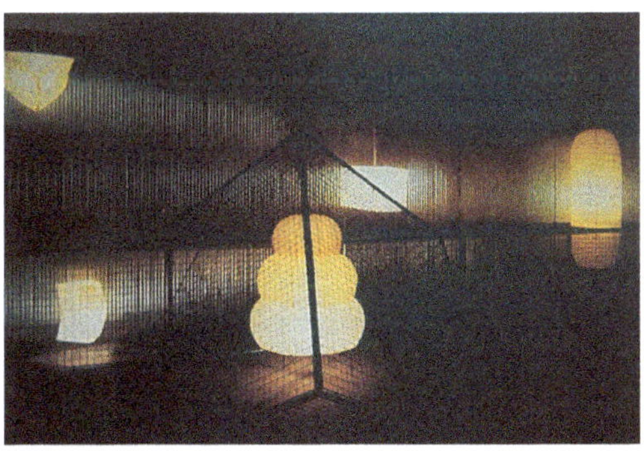

A orquestração do todo produz riqueza (não caos) de uma equilibrada coexistência de diferentes materiais: sonoros e absorventes (ver *sons*); transparentes e opacos; materiais que têm transparência temporária (LCDs, ilusões de ótica) ou transparência permanente (cortinas, papel filme, treliças, grades metálicas, pinturas em acetato, etc.); pesados e leves; com cores icônicas, naturais (como uma cadeira em madeira natural); cores sobrepostas (a mesma cadeira pintada com tinta grossa); materiais "quentes" (madeira vermelha, tecidos, pedras) e materiais "frios" (vidro, madeiras claras, alumínio, laminados, aço, etc.); materiais com diferentes graus de naturalidade (ou de artificialidade); de longa duração (pedra, aço) ou de breve duração (flores, papel), todos em um cenário que muda continuamente.

manipulabilidade

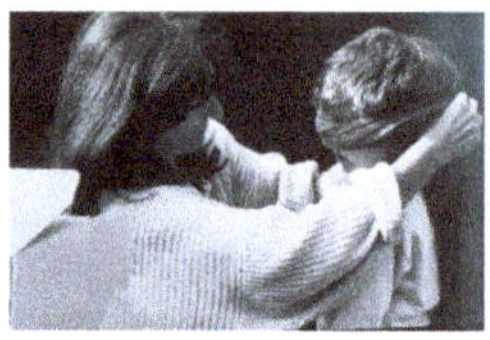

Dentro dessa ideia de multiplicidade tátil, devemos considerar materiais que propiciam diferentes efeitos táteis e sensações, incluindo materiais mais "naturais" (madeira, borracha, fibras, papel, etc.) e outros mais "artificiais" (linóleo, laminados, metais, resinas, etc.), organizados para encorajar a exploração sensorial.
As crianças pequenas também devem ter a oportunidade de manipular materiais como argila e outros que mantêm o traço da manipulação ao mesmo tempo em que conservam suas próprias características (veludo, areia e metais com memória de forma).
Também é importante estar ciente quanto à maneira como alguns materiais mudam com a variação da temperatura ou da luz (expandem-se, curvam-se, mudam de cor).

simplicidade local, complexidade global

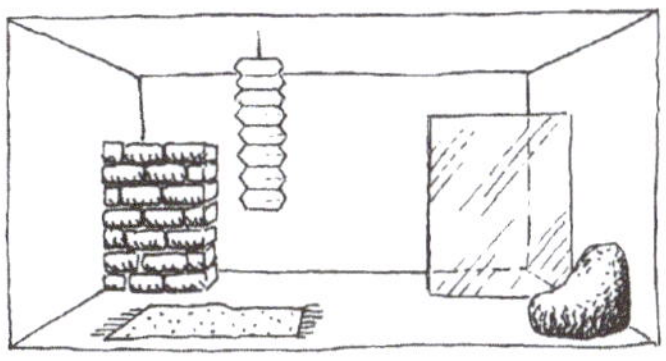

O conceito de multissensorialidade e polimaterialidade não deve, no entanto, suscitar o uso de objetos, móveis, brinquedos e contextos individuais que abranjam todos os estímulos táteis e efeitos possíveis. É o ambiente como um todo, e não cada parte em particular, que deve oferecer uma ampla variedade de percepções sensoriais.

O tato, como os outros sentidos, requer bastante espaço e também pausas para "escutar".

Colocar diferentes estímulos táteis perto um do outro (como na brincadeira "encoste e adivinhe") é uma atividade divertida e inteligente somente quando realizada de uma maneira clara e explícita; os diferentes estímulos não devem estar camuflados e misturados em uma situação de ambiguidade. Em outras palavras, a experiência tátil é mais agradável e compreensível quando realizada no ritmo certo; por exemplo, um determinado ambiente com um abajur de papel, uma folha de material translúcido em resina plástica, uma pedra completamente lisa e, a uma distância "apropriada", uma pedra talhada grosseiramente, produz uma experiência mais rica que um instrumento didático único que contenha todas as experiências táteis: liso, áspero, transparente, opaco, frágil e assim por diante. A percepção da fragilidade, por exemplo, não seria possível com tal instrumento.

O objetivo é construir um ambiente no qual as partes individuais possam ter características próprias, mas que produza um "estado emergente" global rico e expressivo.

o envelhecimento e a dimensão do tempo

O comportamento dos materiais com a passagem do tempo é uma consideração importante e deve ser observada.

Nem todos os materiais em uma escola precisam ser necessariamente duradouros e imutáveis. De maneira compatível com as restrições econômicas, é importante ter um conjunto de materiais em evolução.

Desse modo, o ambiente escolar deve incluir elementos que mudam em apenas algumas horas (como as flores), elementos que nunca mudam (vidro), ou que mudam mas tornam-se mais valiosos com a passagem do tempo (p. ex., a madeira adquire novas qualidades com o tempo e "envelhece bem", enquanto o plástico deteriora e perde suas qualidades).

manutenção e facilidade de limpeza: não são o único objetivo

A higiene é fundamental no ambiente escolar, é de fato uma característica qualitativa do espaço (ver *microclima*), tão importante que às vezes influencia outras escolhas, mesmo em grandes projetos. A facilidade de limpeza dos materiais é inversamente proporcional à sua maciez, porosidade, fragilidade e textura, e por essa razão certas características materiais são indesejáveis quando consideradas de um ponto de vista exclusivamente higiênico.

O que deve ser evitado, no entanto, é a criação de um ambiente de limpeza facílima, totalmente liso, monomaterial, seco e frio, empobrecido a nível sensorial. Com base nos conceitos de complexidade e riqueza já descritos, as decisões organizacionais e de *design* devem levar em consideração um grau de facilidade de limpeza que seja apropriado mas não absoluto (com o mesmo equilíbrio que hospitais e clínicas adotam para a esterilização dos espaços, que nem sempre é a máxima, mas sim a proporcional às necessidades).

Analogamente, embora seja importante que os materiais sejam duradouros e de fácil manutenção, isso não deve significar o sacrifício de outras características. Em outras palavras, é inútil que um objeto perdure além dos propósitos didáticos ou funcionais e renuncie outras características qualitativas.

lugares

Não há lugares na escola que sejam específicos para as experiências táteis das crianças; na verdade, todos os espaços oferecem oportunidades nesse sentido.

O chão com certeza é umas das superfícies mais amplamente usadas por crianças de todas as idades, mas se torna um verdadeiro centro de atenção e uso quando as crianças são bem pequenas (isto é, quando estão no estágio de engatinhar). Para essas crianças, o chão é um mundo curioso de se explorar, e pode oferecer diversos pontos de interesse quando recebem a devida consideração na fase do projeto.

As paredes também podem oferecer experiências táteis interessantes e variadas quando colocadas à altura das crianças.

Imagens

Qualidades táteis

(p. 80)

Leitura do Alcorão em mesquita

(p. 81)

Mão real e mão reconstruída em realidade virtual, com simulação das sensações táteis

Mapa tátil: identidade de sensação por comparação

Mapa tátil: as possibilidades táteis de um material

(p. 82)

Cúpula geodésica

Jardim japonês

Plantação de arroz na China

Estudo digital de materiais, King Kong

(p. 83)

Shiro Kurumata para Mênfis, "Kyoto", mesa em mármore e vidro multicolorido ("terrazzo"), 1983

Michele Zini, Sala de Emergência do Hospital de Módena, parede em tijolos de vidro, 1994

Cume de uma duna de areia

Centro de Pesquisas da Domus Academy para Logitech, *mouse* sensível, coleção "sensa", 1995

Centro de Pesquisas da Domus Academy para Assoplast, "Neolite", textura de materiais em plástico reciclável, 1992

Shiro Kuramata, Issay Miyake Boutique, Kobe, Japão, 1983

Gaetano Pesce, poltrona "UP5 La Mama", produzida por Cassina e Busnelli, Itália, 1969

Macroimagem de material derivado de borracha

Folhas de plástico-bolha

Elementos de projeto

(p. 84)

Declaração figurada da intenção de uso dos materiais, de "Detalhes" ("Details"), de David M. Gresham e James Ludwig, do livro *Mondo Materialis*, de Beleyrian e Osborne, publicado por Abrams (NY), 1990

Declaração figurada da intenção de uso dos materiais, de "Arquitectonica International Corporation", do livro *Mondo Materialis*, de Beleyrian e Osborne, publicado por Abrams (NY), 1990

Andrea Branzi para Vitra, *Citizen office*, metaprojeto para escritório, 1992; imagem ilustrando multimaterialidade e as diferentes naturezas dos materiais que podem estar presentes ao mesmo tempo em um escritório atual

(p. 85)

Diferentes materiais utilizados em um projeto de pesquisa com crianças de 3 anos, pré-escola municipal Diana, Reggio Emilia

Diferentes materiais utilizados em uma brincadeira de "Encoste e descubra", com crianças de 3 anos, pré-escola municipal Diana, Reggio Emilia

Mãos de crianças "ouvindo" os diferentes materiais

Isamo Noguchi, lâmpadas em rede de papel e metal, projeto de *design* de interior caracterizado pela estratégia de uso de materiais

Seminário na Domus Academy, projeto de *design* de interior caracterizado pela estratégia de uso de materiais

(p. 86)

Madeira de cedro entalhada, janelas de Topkapi Sarayi, Complexo do Palácio Imperial, Istambul, Turquia

Explorações de cores com materiais naturais, crianças de 3 anos, pré-escola municipal Diana, Reggio Emilia

Ateliê da pré-escola municipal Diana, Reggio Emilia

Brincadeira "Encoste e descubra", pré-escola municipal Diana, Reggio Emilia

(p. 87)

Isamo Noguchi, trabalho em pedra natural e polida

Brincadeira "Encoste e descubra", sala de aula para crianças de 3 anos, pré-escola municipal Diana, Reggio Emilia

(p. 88)

Jogo de materiais no pátio de uma casa tradicional japonesa

Centro de Pesquisas da Domus Academy para Assplast, novos materiais em plástico reciclado, 1992

(p. 89)

Casa dos pés, escultura de papel feita por crianças de 5 anos, pré-escola municipal Diana, Reggio Emilia

odores

Caracterizando a dimensão ósmica

O olfato comunica-se com a parte mais "antiga" do cérebro (o rinencéfalo), a primeira área que se desenvolveu no curso da evolução física de nossa espécie. Portanto, as emoções mais profundas e diretas são associadas aos odores. Pode-se dizer que, de todos os sentidos, o olfato é o menos influenciado por condições culturais. A memória olfativa é imediata. A percepção de um odor tem um grande potencial evocativo, já que pode reavivar a imagem e a memória de um lugar imediatamente. Dizemos que algo "cheira a lar" para indicar essa dimensão mnemônica e afetiva de nossas memórias de infância.

Nos dias de hoje, a dimensão artificial é altamente anósmica, e essa habilidade de eliminar qualquer odor em ambientes fechados tem sido vista como uma conquista da higiene moderna. Considerando os ambientes fétidos dos séculos passados, isso pode ser visto como progresso, sem dúvida nenhuma; mas isso também causou um empobrecimento da nossa percepção da identidade dos lugares. Nosso aparelho olfativo é capaz de distinguir dez mil odores diferentes na identificação das qualidades do ambiente e dos objetos que nos cercam.

Na sociedade moderna, é dada grande atenção aos produtos de limpeza (detergentes, solventes, ceras, etc.) que, mais do que os materiais e objetos em um espaço, são os verdadeiros elementos que configuram a *imagem* olfativa de um ambiente.

Mas também deve-se pensar nos odores naturais, eles devem estar presentes em espaços fechados como um testemunho das formas vivas, para quais o cheiro costuma ser o veículo de expressão mais usado, em vez da imagem visual. Temos a tendência de preferir aromas florais e vegetais a animais, mesmo que tenham um impacto menor, e esses aromas geralmente são considerados elementos positivos em termos da qualidade do ar (a pureza da natureza não contaminada).

Os odores têm duas características particulares que devem ser consideradas na projeção de ambientes:

– A dimensão pessoal do olfato implica que este sentido irá atribuir veracidade máxima no julgamento, definição e reconhecimento da identidade material dos objetos;

– Devido a esse vínculo íntimo entre odor e material, enquanto podemos imaginar a dimensão da cor vermelha sem fazer referência a um objeto específico, não podemos reconstruir a sensação aromática do café, por exemplo, sem pensar em um material de referência específico. Desse modo, um cheiro sempre é identificado com uma substância material que constitui um fenômeno real.

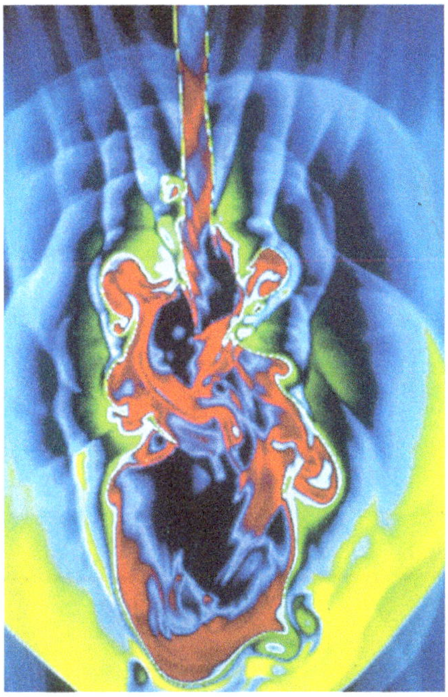

Wizard
air freshener
Jasmine Light
Wizard
air freshener
Rose Bouquet
Wizard
air freshener
Spring Lilac
Wizard
air freshener
Island Blossom

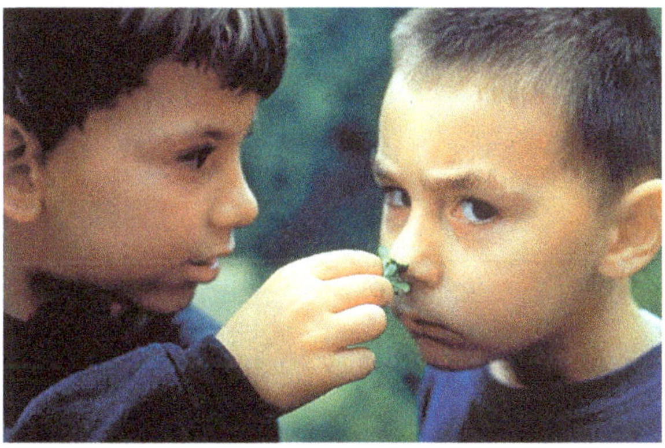

O olfato

Ainda que muitos antropólogos acreditem que hoje temos a capacidade de pensar porque no passado usamos nosso sentido olfativo, alguns o definiram como um "anjo caído" em comparação aos outros sentidos, um canal que progressivamente perdeu sua importância em termos evolutivos.
Ainda assim, cada ser humano ainda possui aproximadamente 5 milhões de células olfativas, mesmo que isso não seja nada comparado às 220 milhões que os cachorros possuem, por exemplo.
A teoria estereoquímica formulada no período do pós-guerra pelo americano J. E. Amoor descreve a percepção olfativa como laços geométricos entre as formas das moléculas e as sensações relacionadas a elas. Em termos de ideia, esta teoria não se distancia muito daquela expressa por Lucrécio em De Rerum Naturae *com a metáfora da chave e da fechadura.*
Os grandes perfumistas acreditam que para criar uma fragrância você tem que ter uma imagem visual em mente. Na verdade, perfumistas criam cenários nos quais materiais e cores são usados para descrever essa sensação que pode existir apenas na memória de curto prazo.
Falando em termos psicológicos, os odores são captados tanto na inspiração quanto na expiração.
Assim como funciona com as cores, podemos identificar famílias extensas de odores:

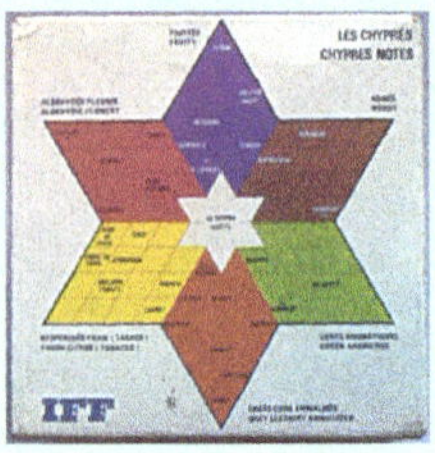

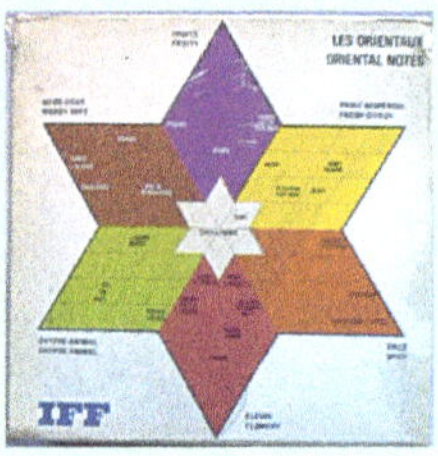

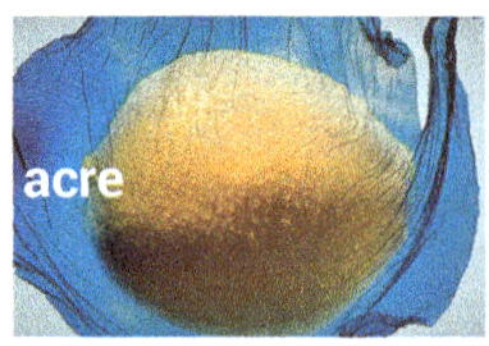

Elementos de projeto

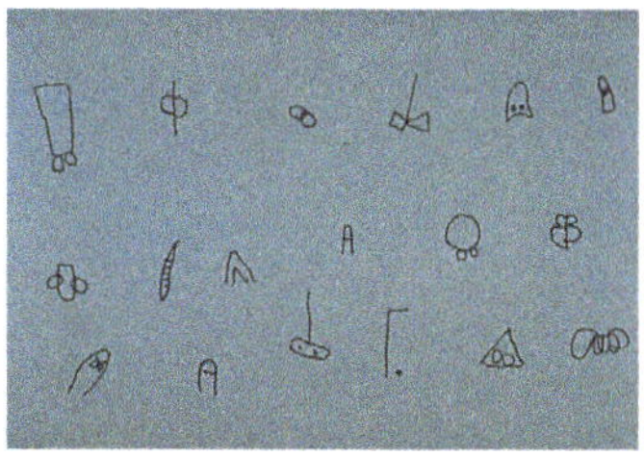

Como resultado das características descritas anteriormente (a dimensão anósmica de nosso mundo atual artificial e o vínculo entre odores e substâncias reais), a projeção de um *cenário aromático* torna-se particularmente imaterial. Além disso, o cenário aromático possui características temporárias: enquanto uma cor é relativamente permanente a uma luz bem definida, um odor pode durar um tempo muito breve e mudar continuamente. Ao projetar um ambiente, então, a dimensão olfativa é a que requer mais atenção.

Apesar desses obstáculos, o projeto deve levar em consideração a importância do olfato em termos de nossas emoções e do valor do papel perceptivo e inter-relacional do olfato do ponto de vista pedagógico.

Ainda que a cultura ocidental tenda a esconder o odor natural do corpo (sem, contudo, conseguir eliminá-lo completamente; cada um de nós possui uma espécie de "aura" que é única e pessoal), o mundo das crianças pequenas ainda é permeado de odores, e o olfato é claramente um dos meios utilizados pelas crianças no processo de aprendizagem.

Os diversos espaços da escola também possuem seus odores particulares, resultado da presença de materiais específicos, das pessoas que ocupam o espaço e das atividades lá desenvolvidas. Às vezes é um odor quase imperceptível em vez de verdadeiros cheiros. Determinados espaços, como as cozinhas, também passam por enormes variações de cheiros no decorrer do dia.

A pesquisa realizada sobre a relação entre crianças e odores nas creches e pré-escolas de Reggio Emilia sugere que se deve dar atenção aos cheiros quando se está projetando um espaço. Investigações foram feitas sobre as memórias que os cheiros reavivam, o reconhecimento de diferentes cheiros e as sensações e imagens mentais que os cheiros produzem, e, consequentemente, atividades exploratórias de odores foram planejadas, considerando os odores "bons" e os "ruins". Os resultados dessas investigações mostraram que, por exemplo, as meninas parecem tratar os odores e perfumes mais despreocupadamente do que os meninos; e que os cheiros quase nunca são citados de forma autônoma como um dos elementos de reconhecimento e identidade de um lugar ou situação, nem por meninas nem por meninos, embora o olfato pareça ser uma "antena sensitiva" quando trazida à memória através de uma pergunta específica.

Desse modo, o olfato parece ser usado de uma maneira não exatamente consciente em nossa cultura. Experiências adicionais com o olfato nos projetos e nas práticas diárias poderão reativar potenciais preciosos nas crianças (e nos adultos também). Portanto, precisamos desenvolver uma cultura de *design* a esse respeito, e dar atenção constante ao olfato a fim de criar um cenário olfativo variado, estimulante e "vivo".

Os diversos espaços também podem ser caracterizados por aromas diferentes que mudam no decorrer do tempo e dependendo da ocasião.

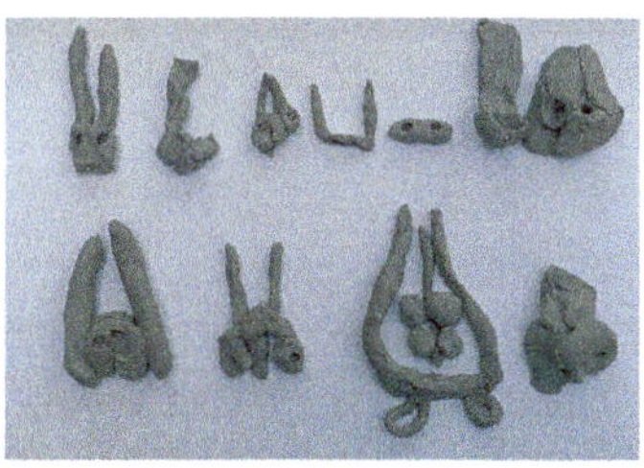

Uma série de estratégias podem ser aplicadas, incluindo o controle de produtos de limpeza, o uso de essências perfumadas e fragrâncias nebulizadoras, o uso de elementos naturais (plantas, arbustos, flores, terra) e materiais caracterizados por odores específicos que persistem com o passar do tempo (látex, borracha) ou que envolvem um certo tratamento e produtos de limpeza com um odor específico (cera para madeira).

Imagens

Caracterizando a dimensão ósmica

(p. 93)

Simulação do mapa de emissões de odores de uma flor

"É um cheiro bem formigante" – crianças trocando opiniões sobre odores durante um projeto de pesquisa, pré-escola municipal Diana, Reggio Emilia

Campo de flores

Imagem de uma flor reconstruída no computador

Imagem de propaganda de desodorizador de ambientes

(p. 94)

Mapas ósmicos (IFF)

O órgão dos odores (IFF)

Elementos de projeto

(p. 95)

Tipos de nariz, desenho de crianças de 4 anos, pré-escola municipal Diana, Reggio Emilia

Tipos de nariz em argila, por crianças de 4 anos, pré-escola municipal Diana, Reggio Emilia

sons

Audição consciente

Onde quer que estejamos, o ambiente à nossa volta é caracterizado por sons e, enquanto ocupamos o espaço, percebemos esses sons como familiares, mesmo que nem sempre estejamos conscientes deles.

Espaços fechados e ao ar livre sempre têm sua própria marca de sons, sua própria individualidade acústica.

Assim como ocorre com as línguas, as áreas geográficas estão imersas em um mar de sons que as diferenciam de outros lugares. Espaços acústicos não divergem apenas por causa da intervenção do homem, mas também, e em particular no passado, são os sons da natureza que caracterizam os diferentes cenários acústicos.

A Revolução Industrial foi certamente o evento mais importante na história dos cenários acústicos, por isso agora, juntamente com os sons naturais, temos muitos outros formando os cenários acústicos, cujo movimento temporal não é feito de ritmos, mas de uma continuidade incessante, dia e noite. Um número crescente de sons vem de máquinas e tecnologias, e agora são parte da nossa geografia acústica.

O espaço acústico no exterior do prédio escolar está perdendo sua "aparência acústica": as características do cenário acústico urbano são estabelecidas por barulhos de alta intensidade sem diferenças de intervalo e de timbre, ele não é informativo e não possui qualidades melódicas nem rítmicas. Um cenário acústico de qualidade, por outro lado, envolve a presença de sons que têm uma função mediadora entre as pessoas e o ambiente; isto é, sons que comprovam a vida acontecendo em volta do indivíduo.

As características dos sons produzidos pelas máquinas são totalmente diferentes daquelas que derivam de fontes naturais (os sons da natureza, a voz, os instrumentos musicais). Mesmo que ambos sejam chamados de "sons", são, na verdade, duas entidades diferentes.

Frequentemente um som é percebido mas não é decodificado, e então é excluído de nossa consciência e anulado, como se não existisse. A relação pessoa-som é reduzida a uma operação meramente perceptiva, que exclui o processamento mental daquele mundo que nos localiza de maneira eficiente na dimensão temporal da existência.

Portanto, antes de tudo, precisamos educar a nós mesmos a escutar os sons à nossa volta, a analisá-los e a reconhecer suas fontes e suas características.

O que estamos perdendo é a "consciência da audição", a habilidade de selecionar os estímulos sonoros, de reconhecê-los e identificar suas fontes, da mesma maneira que identificamos um objeto segundo sua forma e cor. A primazia da visão em relação à audição deve ser reavaliada e equilibrada para que nós consigamos redescobrir uma das faculdades mais importantes que possuímos.

Aqueles que projetam espaços relacionais devem, portanto, considerar os sons e os cenários acústicos como parte integral do cenário visual.

Uma das tarefas importantes para aqueles que organizam e projetam espaços, tanto fechados quanto ao ar livre, é desenhar mapas de sons com a ajuda de nossos próprios ouvidos, escrever "partituras" para os cenários acústicos que podem ser conservados a fim de termos uma capacidade maior de lembrar e comunicar o que ouvimos.

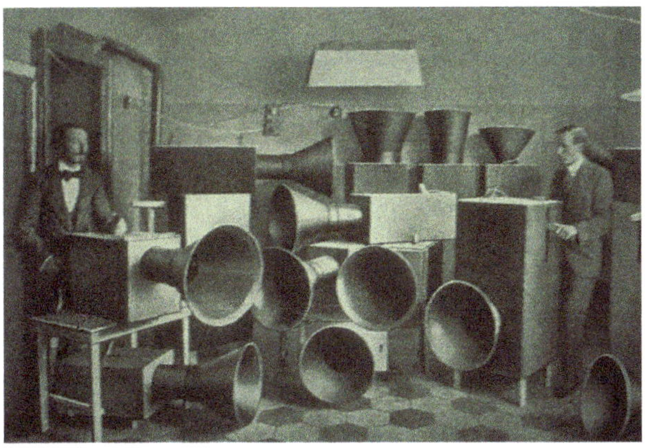

localização acústica

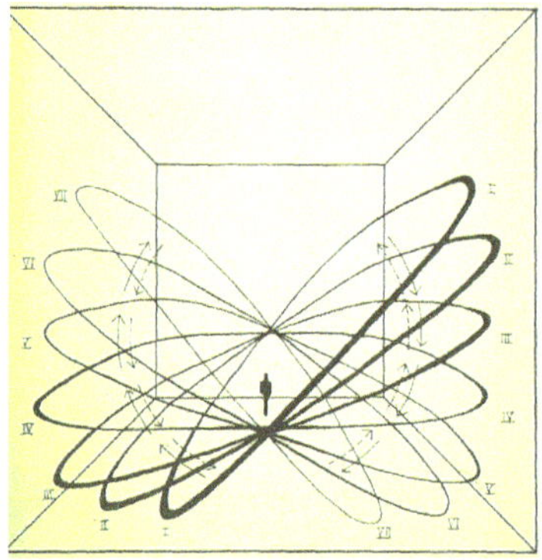

O som ambiente nos dá um senso de localização de nosso corpo no espaço. Os sons nos informam de dois elementos: a distância da fonte e sua existência, sendo este último a informação de destaque no sentido antropológico. Na verdade, uma relação estreita é estabelecida entre som/presença e silêncio/ausência e a dicotomia vida/morte: o "silêncio eterno" continua a ser uma imagem que usamos com frequência para evocar a morte.

A relação som/vida também é atestada pelo fato de que, em todas as culturas originais, a divindade é concebida como vibração de um som cósmico. Deus apresenta-se para Moisés através de sua voz, e Deus só tem sido representado visualmente desde a Renascença.

O primeiro tipo de informação (localização da fonte) influencia profundamente nossa concepção do espaço. Enquanto o olho trabalha com um cone visual, o ouvido percebe tudo que está acima, abaixo e ao nosso redor. Portanto, o que o ouvido capta não é o mesmo espaço único, a mesma perspectiva do olho, mas sim o espaço-tempo multidimensional dominado por simultaneidade e movimento.

a geometria dos sons

Os limites do espaço acústico não podem ser verificados de maneira imediata. Ele não é um espaço fluido ou dinâmico no sentido convencional do termo; em vez disso, é um espaço com um começo e fim. Estamos falando aqui de espaço acústico como uma sequência de sensações espaciais: em sua verdadeira essência, o espaço é uma ocorrência do tempo. Esse espaço é criado, desenvolvido, configurado e transformado no decorrer do tempo. A velocidade e direção do movimento do som, sua intensidade, ritmo, frequência e timbre são elementos que estruturam a mensagem espacial.

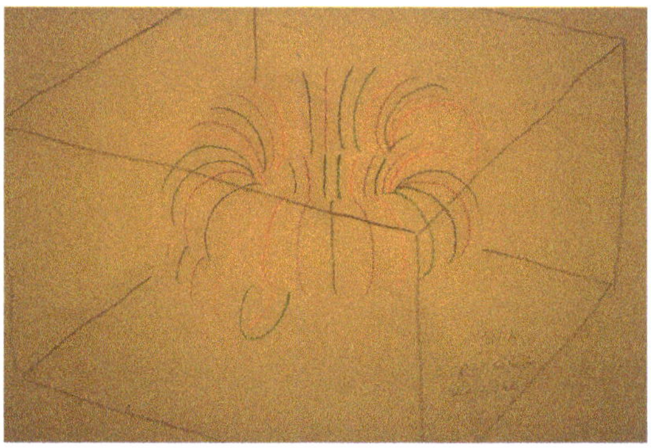

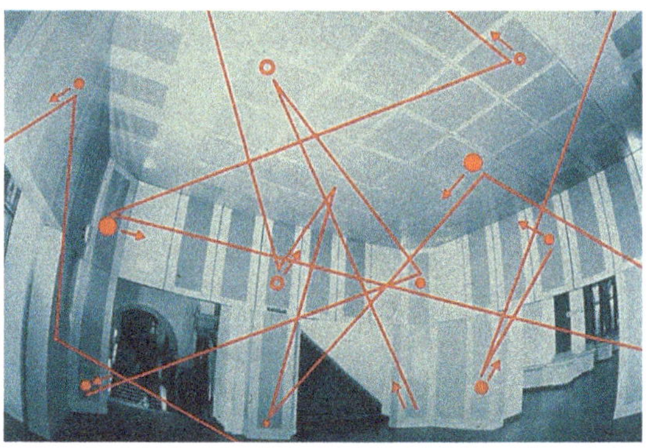

A mudança gradual na intensidade ressalta o movimento do som. A mensagem direcional de um som em aproximação é captada como um crescendo e é elevada com um aumento em sua intensidade. A aceleração e desaceleração, a expansão e contração temporal, dão origem a sensações espaciais (as primeiras são relaxantes em termos físicos, as segundas criam uma sensação de compressão). As mensagens diretas dos sons criam canais e seguem uma a outra.

O espaço pode ser definido em termos de movimentos lineares de sons ou marcado por fontes de sons localizados.

a cultura do estado acústico

Juntamente com a mudança de conceitos do tempo e espaço, as relações entre imagens visuais e imagens acústicas, entre os modelos de percepção visual e os de percepção auditiva, também mudaram.

Quando o conceito de um espaço era visto de uma perspectiva homogênea e unificada, o tempo era visto como uma sequência de pontos mensuráveis que podiam ser representados por uma linha de perspectiva e simbolizados por uma ampulheta. Com a confirmação cada vez mais sólida do conceito bergsoniano de tempo como movimento, no qual o presente e o passado estão envolvidos no mesmo fluxo, e com a confirmação também da geometria não euclidiana e da teoria da relatividade de Einstein, é o espaço que é temporalizado. A visão estática dos objetos no espaço é substituída pela ideia de um *continuum* espaço-tempo multidimensional. O modelo da experiência acústica torna-se o meio de representação dessa nova dimensão dinâmica e multidirecional na qual estamos completamente envoltos, sem a separação que a tela visual (como uma janela para o mundo) parece criar.

O espaço acústico é inevitavelmente estereométrico e articulado no tempo.

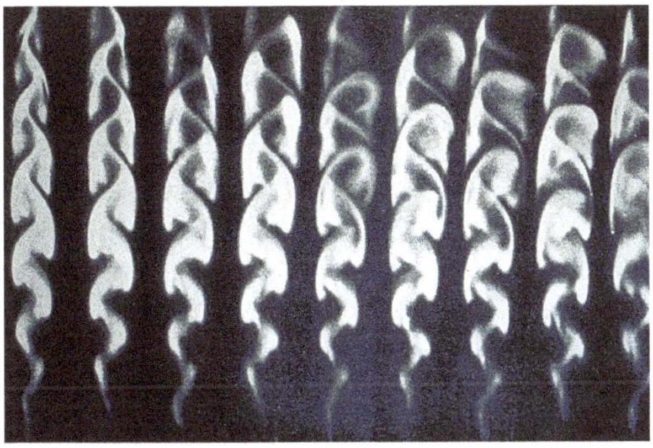

dinâmica dos sons

O espaço sonoro é modificado de acordo com a localização do corpo; sua forma e a posição do corpo estão inter-relacionadas. Uma posição passiva, como estar deitado, é adequada para a percepção dos movimentos dos sons no espaço. Caminhar estimula uma reação aos movimentos dos sons, e aumenta a interação com o espaço.

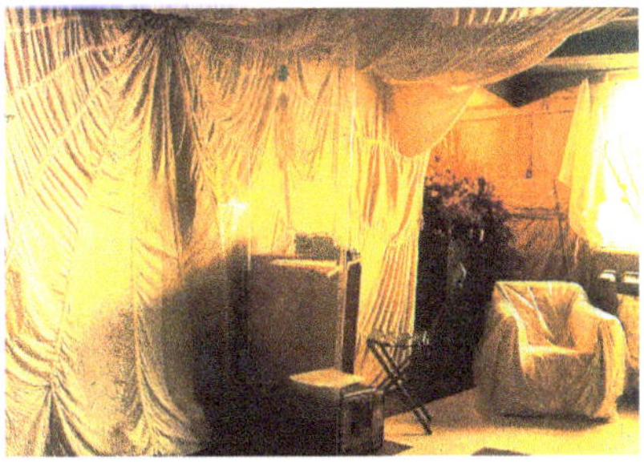

Elementos de projeto

As creches e pré-escolas (e ambientes escolares, no geral) têm um cenário acústico com características específicas e problemáticas.

O termo *cenário acústico* designa uma dimensão do ambiente que, assim como o cenário cromático e o cenário luminoso, tem sua própria identidade, que pode ser projetada. O cenário acústico, especialmente em escolas, é uma camada de uso funcional no espaço, é rico e articulado, envolve mais do que a simples audição, dado que a percepção sonora é uma experiência física complexa e multidimensional. As ondas sonoras, na verdade, atingem o corpo inteiro, envolvendo toda a esfera de percepção, variando continuamente no decorrer do tempo e contribuindo para nossa compreensão da dimensão espacial em que estamos. Os parâmetros técnicos usados para determinar a quantidade de som não são capazes de descrever a identidade acústica de um lugar: o som é uma sensação subjetiva e, portanto, costumamos usar termos e adjetivos subjetivos na descrição de cenários acústicos.

A cultura da projeção de espaços escolares ainda não desenvolveu uma consciência suficiente da importância da qualidade do cenário acústico, mas dois elementos devem ser considerados em termos de ambientes escolares:

– o nível de potência sonora (em decibéis), que tende a ser excessivo. Em uma comunidade como a creche ou a pré-escola, ocorrem muitos sons ao mesmo tempo, de crianças e adultos produzindo, construindo, falando. A sonoridade é interpretada como barulho, e acaba sendo uma das percepções imediatas quando um visitante chega ao local.

– a inadequação da situação acústica para o desenvolvimento de uma cultura de cenário acústico. O nível alto de barulhos ao fundo e a habituação à poluição acústica pode levar a um risco de "surdez"; isto é, a incapacidade de ouvir e apreciar a variedade sonora, os murmúrios, os silêncios, de ouvir a "voz" das coisas ao redor.

Portanto, o planejamento acústico para um espaço escolar deve ter dois objetivos principais: diminuir o nível de potência sonora, limitar o barulho de fundo, e eliminar barulhos perturbadores (sistemas técnicos, vibrações, passagem de líquidos, tráfego, etc.), e ao mesmo tempo desenvolver os potenciais sonoros e planejar as possibilidades acústicas.

Muitas vezes, o foco está nas estruturas à prova de som, e não há um planejamento real do cenário acústico. A relação entre sons e o ambiente é uma via de mão dupla: os sons influenciam a percepção sensorial e espacial do ambiente, enquanto o próprio ambiente determina a forma e a qualidade do som por meio de características geométricas e traços refletivos dos materiais. A atmosfera sonora de um espaço deve ser planejada, não eliminada.

absorção sonora e definição acústica

Considerando tanto os níveis de conforto e interesse no cenário acústico, o objetivo é alcançar uma situação na qual os sons possam ser distintos, não sejam deformados e não se sobreponham com reverberações e duplicações. Devemos conseguir identificar a fonte dos sons e a origem das ondas sonoras, assim como reconhecer o timbre. Essa condição pode ser descrita como "definição acústica".

Para atingir esse nível de definição acústica, trabalhamos vários elementos:

- as condições acústicas gerais
- equilíbrio das frequências (as frequências médio-altas tendem a fornecer mais informações sobre a direção do som, enquanto que as frequências baixas são mais difusas)
- duração do som no ambiente (tempo de reverberação).

As características acústicas podem ser controladas com a intervenção na forma do ambiente e dos materiais por que é composto.

A absorção inomogênea de ondas sonoras pelos materiais (o espaço absorve sons de alta e baixa frequência de maneiras diferentes) ou proporções físicas do espaço incorretas podem acabar criando efeitos desagradáveis (como a absorção excessiva de frequências altas ou um ambiente com uma dimensão dominante, p. ex., nos corredores, que causa reverberação), enquanto uma absorção grande de frequências baixas gera uma sonoridade extremamente "afinada".

O ambiente não deve causar difusão excessiva do som, nem absorção excessiva, o que evita que o som permaneça no espaço, criando um lugar sonoro tedioso e abafado em vez de variado.

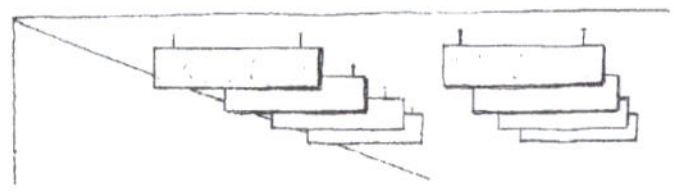

Atividades escolares e necessidades didáticas oferecem muitas oportunidades para controlar os sons: materiais porosos como as cortinas, tapetes e colchões, quadros, telas para brincar com as sombras, persianas de bambu, grades, plantas, todos esses objetos possibilitam a absorção sonora; materiais texturizados, ou cujo acabamento não é liso, contribuem para o mesmo efeito.

acústica variável

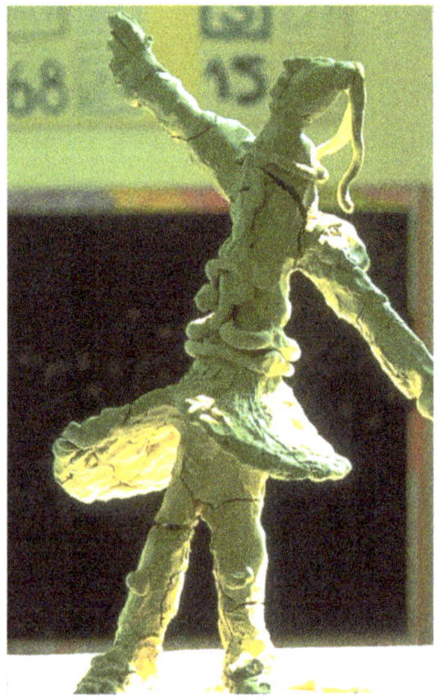

A flexibilidade dos espaços em termos de uso e tamanho (p. ex., a utilização de divisórias de correr) torna-se uma característica que só traz vantagens quando há isolamento acústico adequado; isto é, a possibilidade de variar a acústica de acordo com as diferentes situações.

A divisão progressiva das salas de aula em subespaços é uma escolha frequentemente guiada por necessidades acústicas, a fim de oferecer condições de silêncio, concentração e intimidade para certas atividades e permitir que as crianças escolham seu próprio nível de exposição acústica. Mesmo que essa divisão traga outros tipos de vantagens, é importante, ainda, oferecer uma variedade de condições acústicas que sejam favoráveis à socialização e às diferentes relações entre as crianças. O teto também pode ser equipado com diferentes mecanismos de isolamento sonoro.

Ao mesmo tempo, é importante que haja variedade acústica no ambiente escolar, que cada espaço tenha sua própria identidade acústica, e que as crianças encontrem diferentes situações sonoras em sua experiência nômade pelo espaço.

Determinadas salas e espaços também terão características acústicas específicas, como os que são usados especialmente para a produção de música e exploração de sons.

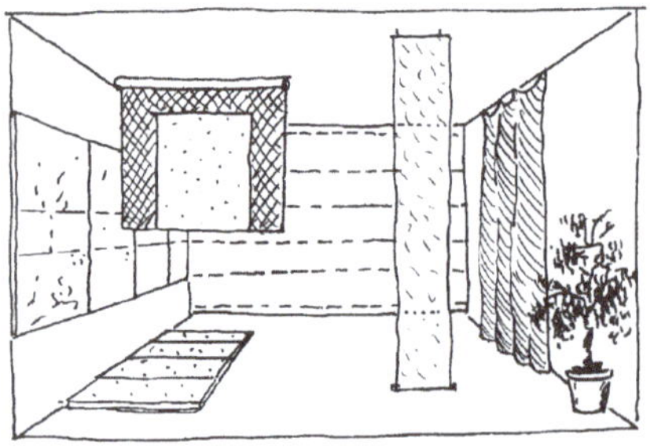

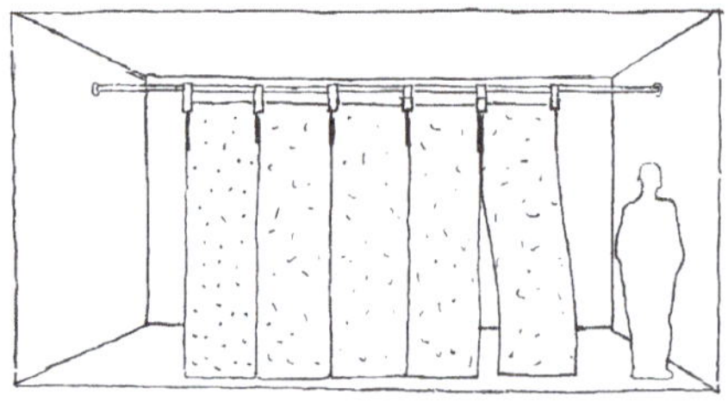

manipulabilidade

Sempre é importante oferecer à criança a possibilidade de interferir nas características sonoras de um ambiente. Isso pode ser feito pelo uso de diversos objetos para expressão musical que a escola já possua e pela presença de sistemas interativos (tapetes que produzam algum som quando pisados, cabos com microfones, composições com objetos sonoros, materiais com características sonoras específicas, salas de música).
O ambiente deve ser uma fonte de experiências e oferecer os sons como um "material" a ser usado e manipulado.

o cenário acústico ao ar livre

Assim como acontece em relação à iluminação e às cores, as crianças devem ter a possibilidade de estar em contato com agentes acústicos no exterior dos prédios, especialmente os naturais e sazonais.
As crianças conseguem reconhecer e explorar os sons do vento e da chuva quando o planejamento do ambiente (especialmente no exterior dos prédios escolares) possibilita isso.
Calçadas especiais ao ar livre, instalações sonoras e outros elementos (como os carrilhões de vento japoneses ou os canaviais que aumentam a brisa) dão voz às condições climáticas e às estações.
Obviamente, o prédio deve ter isolação sonora em relação ao exterior, mas não completa. No entanto, se o prédio se localizar em um contexto muito agressivo em termos acústicos, há determinas medidas técnicas que possibilitam o isolamento sonoro de modo eficaz (como vidros multilaminados com gás isolante entre as camadas).

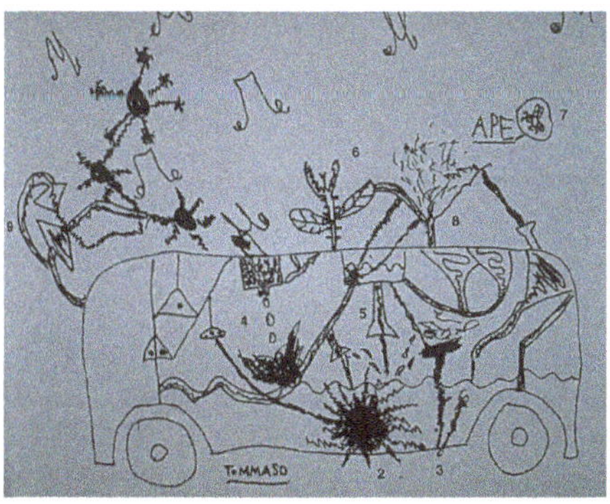

planejando sons passivos

O cenário acústico deve ser confortável, e os sons produzidos por crianças e professores no âmbito escolar devem ser vistos de forma positiva. De qualquer forma, também é possível projetar um cenário acústico que sobreponha o cenário básico, uma estrutura interessante e não invasiva, por meio de transformação de determinados sons passivos em sinais ou jogos (sinos, telefones, etc.) e com a criação de clímaces sonoros ou eventos inesperados.
Enquanto sons aleatórios (como uma porta batendo) devam ser eliminados na medida do possível, os sons passivos e indiretos também podem ser "projetados".

atividade

A situação acústica não depende somente das condições do ambiente, mas também, obviamente, das atividades que estão sendo desenvolvidas no momento, e especialmente do nível de motivação e envolvimento das crianças nessas atividades. Exploração, pesquisa e aprendizado altamente motivados, alegres e entusiastas ainda criam um nível acústico muito mais controlado do que as atividades "genéricas".
A qualidade pedagógica das atividades afeta diretamente a qualidade do cenário acústico.

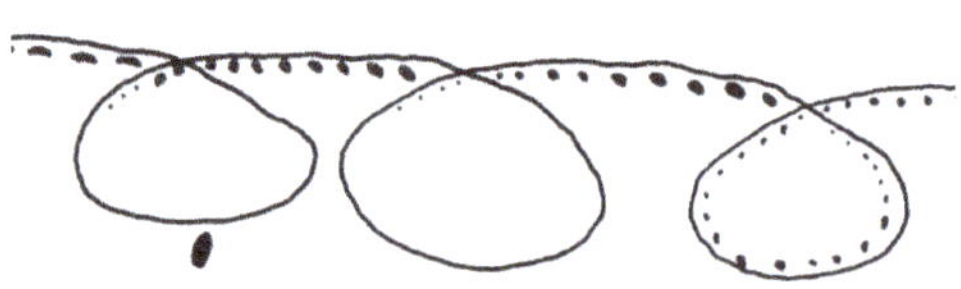

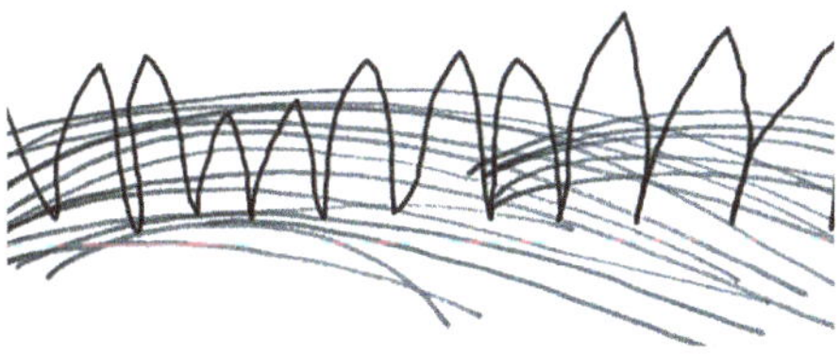

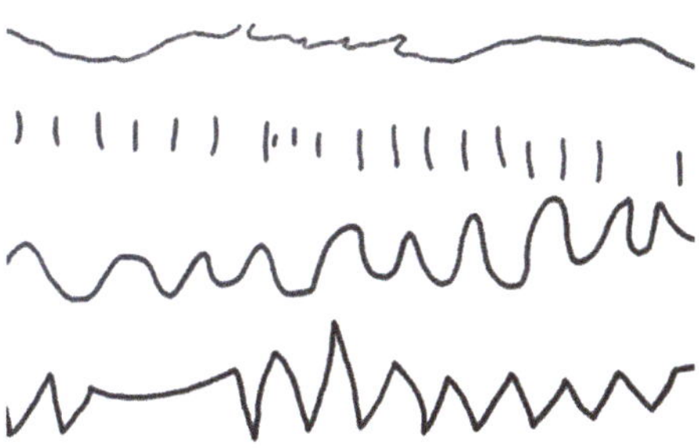

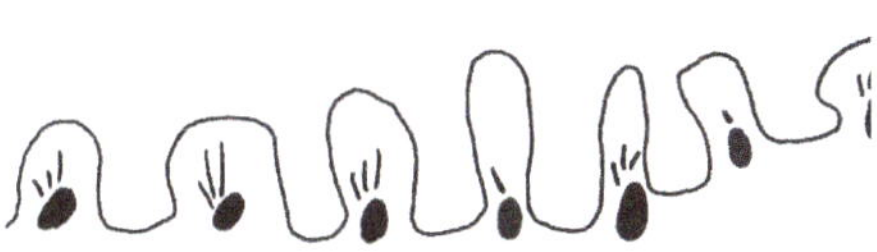

Isolamento acústico – Absorção acústica

A fim de interferir de maneira apropriada no controle do nível de barulho em um prédio, precisamos ter uma visão clara do prédio em si e como o som é transmitido dentro dele. Uma abordagem direta para este problema dá-se por meio de duas linhas de intervenção: isolamento acústico do prédio e absorção acústica no ambiente. A energia sonora propaga-se no espaço ao interagir com obstáculos (paredes), assim parte da energia incidente é refletida, outra parte é absorvida pela superfície da parede, e parte dela é transmitida para além da própria parede. A barreira que a parede impõe à propagação do som é chamada de "capacidade de isolamento acústico", que considera a parte da energia incidente que é transmitida através do obstáculo. A absorção acústica, por outro lado, considera os componentes dos sons que são refletidos e absorvidos pela parede e os fenômenos que ocorrem dentro do cômodo no qual uma fonte sonora está agindo.

O ouvido humano é sensível a uma faixa limitada de frequência, aproximadamente entre 20 e 20.000Hz. Um tambor emite sons em baixa frequência, em torno de 100Hz, a televisão de 75 a 5.000Hz, a voz masculina de 80 a 1.800Hz, a voz feminina de 200 a 2.700Hz, e a campainha de um telefone de 250 a 4.000Hz.

A sensibilidade do ouvido humano varia de acordo com a frequência, e é maior quando capta frequências mais altas; consequentemente, o limiar da dor é mais baixo para frequências altas quando a pressão sonora ("volume" do som) for a mesma.

A absorção dos sons, tanto os transportados pelo ar (conversas, música, tráfego urbano, televisão, impressora de computador) quanto os relacionados a impactos (como as vibrações das máquinas afixadas à estrutura, passos, sistemas mecânicos, trens), também deve ser proporcional à frequência da fonte sonora.

Imagens

Audição consciente

(p. 99)

Sinos orientais para "ouvir" a presença do vento

"Intonarumori futurista", Tommaso Marinetti, 1918

Dançarinas de Kirghizi

Instalação acústica no parque da cidade de Oscar Accorsi, celebração de fim de período letivo, pré-escola municipal Diana, Reggio Emilia

(p. 100)

Representações e *designs* de *cenários acústicos*

B. Leitner, "*design* para espaço acústico"

(p. 101)

Theodor Schwerk, *Caos sensível*, visualização do som de um órgão *in crescendo*

Exemplo de um ambiente com acústica particular: escada de metal reverberando

Exemplo de um ambiente com acústica particular: interior de uma loja de cerâmica no Novo México

Exemplo de um ambiente com acústica particular: interior de um lar com a presença forte de tecidos

Elementos de projeto

(p. 102)

Dança, pré-escola municipal Villetta, Reggio Emilia

Ritmos, pré-escola municipal Diana, Reggio Emilia

(p. 103)

O som do vento nas folhas, desenho de crianças de 5 anos, da exposição "As cem linguagens da criança"

Chuva tamborilando nas folhas, desenho de crianças de 5 anos, da exposição "As cem linguagens da criança"

Design para a construção de instrumentos para simulação de sons, pré-escola municipal Villetta, Reggio Emilia

Design para a construção de instrumentos para simulação de sons, pré-escola municipal Villetta, Reggio Emilia

(p. 104)

Experimentação musical, sala de aula para crianças de 5 anos, pré-escola municipal Diana, Reggio Emilia

Dançarina em argila, por um menino de 5 anos e 7 meses, pré-escola municipal Villetta, Reggio Emilia

(p. 105)

Design de uma máquina de sons, por um garoto de 5 anos e 10 meses, pré-escola municipal Diana, Reggio Emilia

Explorações de sons com folhas, da exposição "As cem linguagens da criança"

Instalação acústica no parque da cidade de Oscar Accorsi, celebração de fim de período letivo, pré-escola municipal Diana, Reggio Emilia

Pequena máquina para simular os sons do campo, pré-escola municipal Villetta, Reggio Emilia

(p. 106)

Gravações de sons e fotos de um dia chuvoso, da exposição "As cem linguagens da criança"

(p. 107)

Representações simbólicas, por crianças de 5 e 6 anos, da exposição "As cem linguagens da criança"

– borrifo de chuva produzido pela passagem de um carro

– gotas de água na calçada

– ondas em uma poça d'água

– representação simbólica da sucção da água por um dreno

microclima

Reatividade ambiental

A ideia de que a função original da arquitetura é criar um microclima diferente das condições externas datam provavelmente da época em que nossos ancestrais entraram pela primeira vez em cavernas em busca de abrigo da chuva e do frio. Entretanto, seria extremamente limitante ver a arquitetura somente como proteção em vez de uma maneira altamente simbólica e cultural de expressar nossas relações com o mundo. Talvez seria melhor defini-la como um processo cultural e técnico para nos relacionarmos com a realidade externa.

Os aspectos envolvidos no controle do conforto em locais fechados e das condições microclimáticas são de valor fundamental na geração de uma arquitetura relacional. Esses aspectos devem ser compreendidos e expressos como subjetivos e relativos, e não objetivos, já que estão ligados à noção de conforto psicofísico, que inevitavelmente varia de pessoa para pessoa e de cultura para cultura.

O conforto do ambiente é a soma de uma série de fatores complexos e difíceis de isolar, que se sobrepõem e se inter-relacionam de maneira contínua e instável. As relações entre temperatura e umidade, qualidade do ar e ventilação, condições de iluminação, características acústicas e assim por diante devem ser avaliadas a partir desse ponto de vista complexo.

Apesar dessa complexidade, para os propósitos da projeção de um espaço, precisamos tentar isolar alguns desses fatores e avaliá-los em termos quantitativos, pelo menos em parte. No projeto arquitetônico em especial, esses fatores devem ser considerados com atenção desde o início para assegurar que as pessoas que habitarão o espaço projetado possam controlá-lo e regulá-lo conforme o necessário.

O prédio em si deve ter um nível alto de reatividade ambiental, que também é variável no decorrer do tempo.

Por isso ilustraremos uma série de conceitos de estratégia de projeção que fazem do projeto arquitetônico um ato cultural e comunicativo, tanto quanto um ato técnico. Somente com isso (e com documentação adequada do projeto) será possível entrar em detalhes técnicos.

Um prédio deve ser altamente reativo a fatores tanto internos quanto externos, como é descrito na próxima seção.

Fatores externos

alternância entre dia e noite (ciclo claro/escuro)

Cada ambiente tem seus próprios ritmos, baseados na variação da luz e na passagem cíclica do dia para a noite e vice-versa. As características no interior do prédio e a percepção do prédio pelo lado de fora também variam no decorrer do dia. Portanto devemos avaliar com atenção como a energia é administrada no prédio para obter os melhores resultados do uso de iluminação natural e artificial:

- luz natural:
  - – uso de claraboias
  - – aproveitamento do ângulo de incidência dos raios solares
  - – uso de elementos refletores no teto
- luz artificial:
  - – uso de fontes locais
  - – uso de lâmpadas de alta eficiência
- redução do excesso de luz externa à noite
  - – controlador de tempo para luzes externas
  - – iluminação noturna limitada a passagens e calçadas

alternância entre inverno e verão (ciclo frio/calor)

A alternância de estações produz condições climáticas diferentes que levam a variações na temperatura, nível de luz, umidade, e assim por diante.

Um prédio deve ser construído e administrado de modo que aproveite bem as qualidades das diversas estações e que economize energia tanto no verão quanto no inverno.

Portanto, as possibilidades tecnológicas que devem ser mantidas em mente durante a projeção e construção de um prédio são:

– sistemas solares passivos na fachada do prédio ("revestimento inteligente")

– uso de portas e janelas térmicas na fachada

– aproveitamento da acumulação de calor proveniente de paredes de vidro (efeito de estufa)

– painéis solares

– arrefecimento natural por meio de canalização interna e sistemas de saída de ar quente

– sistemas de ventilação passivos, sistemas de purificação do ar por meio de aberturas controladas de diferentes tamanhos

– sistemas controlados de ventilação e exaustão

No caso de prédios que já estão em uso, diversas pequenas mudanças podem ser feitas para eliminar o efeito térmico da radiação solar durante as horas mais quentes do dia, criando filtros que podem ser modificados e adaptados com facilidade:
- vegetação;
- plantar árvores;
- instalar treliças para trepadeiras;
- infraestrutura externa;
- venezianas de alumínio, ferro ou madeira;
- estores ajustáveis na fachada;
- filtros internos;
- janelas com vidro duplo;
- película isolante especial para janelas;
- cortinas (apesar de serem menos eficientes, já que o calor já passou pela barreira isolante das janelas, que impede a emissão de calor no sentido contrário, isto é, efeito estufa);

O controle de temperatura, que é outro aspecto importante do microclima, está ligado a basicamente três fatores principais:
- fatores geográficos e meteorológicos (exposição ao sol, estação, clima);
- fatores de construção (distribuição e exposição do prédio, tipos de materiais utilizados e sua inércia térmica, quantidade de luz natural recebida);
- fatores técnicos; isto é, os tipos de sistemas utilizados (piso radiante, aquecedores, ar-condicionado).

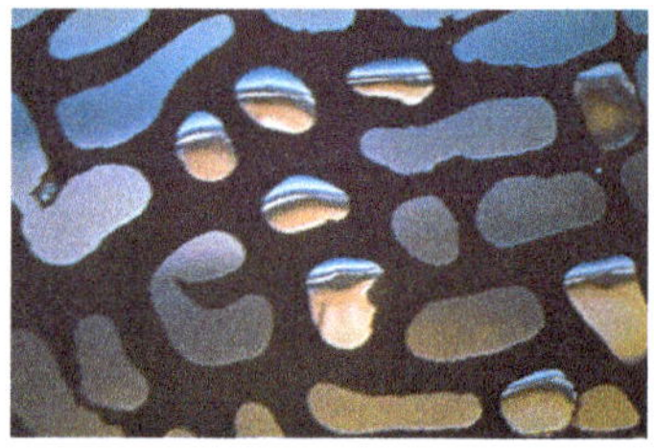

eliminando agentes externos agressivos

Infelizmente, nossas cidades passam por um processo de degradação ambiental, o que leva a gases e vapores tóxicos no ar, umidade relativa do ar alta, poluição sonora e tráfego excessivo de carros.

Desse modo, a cidade costuma ser um ambiente do qual um prédio deve ser protegido; o prédio torna-se um tipo de ilha com "qualidade de vida" dentro de um contexto dispersivo e heterogêneo. Apesar disso, um prédio não deve ser totalmente isolado de seu contexto, e sim compensar as faltas e reduzir os excessos desse contexto quando possível.

Para isso, os fatores a seguir podem ser levados em conta:
- redução parcial de poluição sonora externa com o uso de barreiras vegetais;
- quebra-ventos contra a passagem dos veículos em alta velocidade. O uso de vegetação pode ser uma solução eficiente e fácil, além de útil do ponto de vista didático;
- plantio de árvores que eliminem as substâncias voláteis dispersas no ar;
- uso de árvores com essências específicas (cedro ou árvores resinosas) para combater gases malcheirosos;
- redução da umidade do ambiente através do uso de concreto com cal nas construções;
- uso correto dos materiais disponíveis no mercado para drenagem, isolamento, ventilação passiva, e para permitir que o prédio "respire", conduzindo a umidade para fora e evitando a formação de mofo, condensação e umidificação;
- controle da inércia térmica do prédio usando técnicas de construção apropriadas.

Fatores internos

alternância entre pleno e vazio (ciclo pesado/leve)

Um prédio deve ser capaz de ajustar-se a e tirar proveito das várias condições de uso, uma vez que a concentração maior ou menor de pessoas modifica a relação entre os espaços e os volumes em termos de energia.
Dessa forma, o prédio deve ser visto como uma espécie de pulmão que se contrai e se expande, explorando a dinâmica consequente.
Algumas interações possíveis em termos de sistemas técnicos de um prédio incluiriam:
- controle de calor e luz em cada espaço individualmente;
- desativação de aparelhos de ar-condicionado mecânicos quando as janelas estiverem abertas;
- redução de emissão de CO_2 nos espaços mais populosos;
- administração "inteligente" da energia elétrica e da água quente em períodos de demanda alta (cogeração).

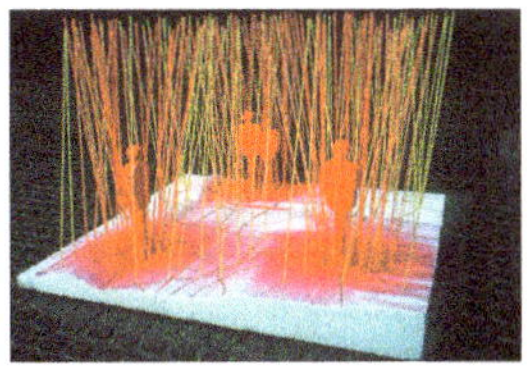

redução e recuperação de emissões negativas (ciclo resíduos/recursos)

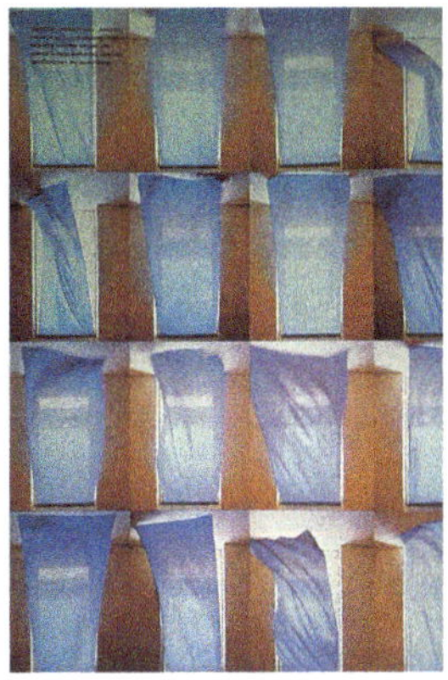

Como todo prédio é um permutador de energia em termos de quantidades de energia que entram e saem, deve-se dar atenção à sua capacidade metabólica; isto é, seu potencial para lidar com os processos cíclicos projetados para a recuperação positiva dos resíduos produzidos pela vida do prédio e de seus usuários. Isso significa:
- utilizar sistemas de fitopurificação e de tratamento de lixo orgânico;
- recuperar a água de chuva com escoamento para irrigar os sistemas verdes;
- separar resíduos, reciclar quando possível (papel, alumínio, vidro, etc);
- dedicar áreas à compostagem.

Por outro lado, é importante compreender o prédio como um todo e orientar o seu uso de forma a reduzir desperdício de energia e de materiais desde o princípio, especialmente em se tratando de eletricidade, gás e água.

controle e redução de poluição em locais fechados

Ao contrário do que geralmente se pensa, o nível de poluição em lugares fechados é muito maior do que em espaços abertos, então a ideia de trancar-se dentro de um ambiente fechado acaba sendo um paradoxo, uma vez que uma casa ou um escritório é normalmente mais poluído do que seu exterior. Isso ocorre porque os locais fechados geralmente pagam o preço de uma construção que fez uso de materiais inadequados e que não são biocompatíveis, e esse processo frequentemente envolve o mau uso de tecnologias e situações que se tornam nocivas para os habitantes.
As fontes principais de poluição em locais fechados são:
- mau uso de tecnologias existentes, tanto na construção quanto nos sistemas técnicos (filtros de água e ar, materiais tóxicos voláteis não isolados, e assim por diante);
- campos eletromagnéticos em excesso;
- os efeitos do sistema elétrico;
- o uso de aparelhos elétricos;
- a presença de diversas fontes de luz elétrica;
- radioatividade;
- emissão por pedras graníticas ou travertinas;
- liberação de substâncias tóxicas;
- uso de adesivos tóxicos (benzeno);
- presença de materiais instáveis;
- presença de microfibras inaláveis.

Elementos de projeto

Na verdade, os elementos de projeto ilustrados passam por todas as dimensões da projeção de uma escola, e mesmo sendo difícil apontar elementos isolados do microclima, uma série de considerações pode ser feita.

flexibilidade

É importante poder variar a temperatura e a qualidade do ar de acordo com as atividades das crianças (p. ex., mais quente para atividades calmas, mais frio em momentos de movimento mais ativo). Ao mesmo tempo, no entanto, nenhum local da creche nem da pré-escola é dedicado a um único tipo de atividade, e não há áreas especiais que sejam ocupadas com mais frequência. Todos os espaços são utilizados, e as atividades neles realizadas (movimentadas, paradas, almoço, cochilo, etc.) são extremamente variadas e alternadas. Isso requer um ambiente altamente flexível em termos de microclima.

heterogeneidade e homogeneidade

As características do microclima de um ambiente não precisam ser necessariamente homogêneas. Pode haver pontos mais quentes que outros, ou mais ventilados, ou mais úmidos. Apesar de haver uma condição básica, o conforto, a heterogeneidade é uma condição do ambiente de que as pessoas costumam gostar (considere uma lareira, p. ex., que cria uma zona de calor intenso e fragrância em um contexto mais frio). Ao passo que heterogeneidade horizontal pode ser uma característica positiva, heterogeneidade vertical pode causar desconforto. Aquecedores, por exemplo, geram diferença de calor entre o nível do chão e uma altura de um metro, enquanto o piso radiante, que aproveita as correntes de ar quente que se elevam, distribui o calor de forma homogênea entre o nível dos pés e da cabeça, proporcionando um conforto maior (e também atingindo o mesmo nível de conforto utilizando uma temperatura geral dois graus mais baixa).

ventilação

A projeção das condições higrométricas também deve levar em conta que as crianças têm um nível mais alto de atividade motora do que os adultos. Após o primeiro ano de vida, elas se movimentam bastante e isso produz diferentes níveis de transpiração e dispersão de calor. O costume italiano de vestir as crianças com roupas quentes agrava essas condições. Por isso aconselha-se o uso de sistemas de ventilação com controle de entrada e saída de ar ou sistemas passivos naturais de troca de ar e prevenção de condensação.

zonas climáticas internas-externas

É bom ter zonas intermediárias entre as condições climáticas internas e externas, como jardins de inverno, varandas e pátios, para que as crianças possam escolher ambientes com condições variáveis (temperatura e qualidade do ar) no decorrer do dia. Essas zonas também ajudam a manter o contato com o ambiente externo, com as mudanças das estações, com as condições climáticas e hora do dia, para compensar a tendência generalizada de anular as condições higrométricas naturais e de gerar novas condições totalmente artificiais. De qualquer forma, há uma série de sistemas que possibilitam corrigir o microclima existente em vez de criar um novo.

capacidade de resposta

A flexibilidade e velocidade de resposta dos sistemas técnicos tornam-se uma característica importante para as escolas, permitindo o ajuste relativamente rápido da qualidade do ar e da temperatura, dependendo da situação, por meio tanto de sistemas de controle automático quanto de controle direto do quadro de funcionários.

Sistemas com muita inércia (como piso radiante, que é econômico de administrar, mas lento para reagir às variações) podem ser utilizados juntamente com sistemas que reajam mais rápido (como aparelhos de ar-condicionado).

chão

O chão é um local importante da escola, frequentemente ocupado pelas crianças. Determinados sistemas de aquecimento, como piso radiante, fazem com que o piso seja confortável, facilitando seu uso, por isso são uma alternativa interessante.

visibilidade

O microclima é uma qualidade do ambiente não apenas subjetiva, mas também bastante difícil de descrever, visualizar, metabolizar e compreender. Pode ser interessante realizar operações que façam com que as características do microclima sejam evidentes aos outros sentidos, para que as crianças possam explorá-las e apropriar-se delas.

Imagens

Reatividade ambiental

(p. 110)

Design de uma cadeira com superfície exterior que varia de padrão de acordo com variação na umidade, projeto de mestrado na Domus Academy, 1989 – Andres Salas Costa

Giulio Ceppi e Frida Doveil, instalação "I cinque sensi della materia", Triennale de Milão, 1990

Fatores externos

(p. 111)

Foto noturna de um iglu

Toyo Ito, "Tower of the winds", sistema de ventilação e reservatório de água que se torna uma escultura urbana, mudando de acordo com as variações das condições atmosféricas e tornando perceptíveis a direção e força do vento. Yokohama, Japão, 1986

(p. 112)

Tullio Zini, "Salicelampada", Módena, 1990, iluminação exterior de um complexo residencial com salgueiros e lâmpadas de rua

Sombra e jardim de um oásis no deserto, Ourzazade, Marrocos

Gotas de vapor d'água, foto de Ernst Haas

Efeito de luminescência em um prédio rural

Fatores internos

(p. 113)

"Segunda pele", estudo da visualização do espaço (microclima/semiosfera) que envolve a atual humanidade, do seminário "Evolução do espaço" na Domus Academy, 1996

Sequência de cortinas sendo movidas pelo vento

Elementos de projeto

(p. 114)

Criança imersa em um ambiente criado por uma projeção de luz, pré-escola municipal Diana, Reggio Emilia

Crianças admirando sua grande pintura em papel transparente, pré-escola municipal Neruda, Reggio Emilia

Andrea Branzi para Vitra, *Citizen Office*, metaprojeto para escritório, 1992; imagem ilustrando a descontinuidade dos sistemas de ar-condicionado/aquecimento/iluminação

(p. 115)

Parede separando o interior da escola do pátio interno, pré-escola municipal Diana, Reggio Emilia

Três ângulos diferentes de ver a sala de aula para crianças de 4 anos na pré-escola municipal Diana, Reggio Emilia

Eletrônicos, redes sociais na internet, realidade virtual e a imagem numérica estão mudando nosso jeito de pensar, ver e sentir.

Para quantificar esse fenômeno, é suficiente lembrarmos de como a televisão introduziu novas cores em nosso mundo. Enquanto as cores na realidade são geradas por sínteses subtrativas (aquilo que parece azul reflete todos os comprimentos de onda exceto o azul), na televisão as cores são obtidas por sínteses aditivas (de vermelho, verde e azul) e são, portanto, diferentes. As gerações mais novas que cresceram com a televisão são expostas a cores diferentes das do passado e, dado o fato de que a percepção de cor também é um fenômeno cultural, elas "percebem" as cores de um jeito diferente.

A revolução digital está produzindo mudanças cada vez mais profundas e mais genéticas, propondo novos valores: *links*, mapeamento, velocidade de acesso. O significado de termos como *design*, criatividade e qualidade está mudando.

Essa nova maneira de pensar e essa nova estética devem ser levadas em conta quando se está projetando um ambiente no qual crianças desenvolvem sua identidade e personalidade, e no qual adultos desenvolvem seu próprio entendimento desses processos.

Acima
Detalhe de um microprocessador Intel® 386
Foto de Kate Keller e Mali Olatunji

Página ao lado
Alessandro Sarti
"Simulação de um processo de morfogênese sobre o surgimento de padrões na pele dos animais", 1997

3 Ensaios e contribuições

Carla Rinaldi
Andrea Branzi
Vea Vecchi
Jerome Bruner
Antonio Petrillo
Paolo Icaro
Alessandro Sarti
Alberto Veca

Ensaios que discutem as questões pedagógicas e de projetos que formam a base teórica da pesquisa, um produto dos estudos realizados nas creches e pré-escolas de Reggio Emilia e na Domus Academy durante seu projeto de pesquisa conjunto.

Carla Rinaldi

O ambiente da infância

Projetar o espaço de uma creche ou pré-escola (ou quem sabe possamos dizer simplesmente escola) é um evento altamente criativo, não apenas em termos de pedagogia e arquitetura, mas em termos sociais, culturais e políticos.

A instituição escolar, na verdade, pode desempenhar um papel muito especial no desenvolvimento cultural e na experimentação sociopolítica, na medida em que esse momento (projeção) e esse lugar (a escola) podem ser experienciados não como tempo e espaço para reproduzir e transmitir conhecimentos já estabelecidos, mas como um lugar para a verdadeira criatividade.

Nossa época é de transição, e nossa geração é transitória. Nossa tarefa é viver uma "estação de projetos" na qual é impossível usar os antigos valores e parâmetros pedagógicos, arquitetônicos, éticos, sociais e educacionais, portanto torna-se essencial que nos aventuremos no novo e que façamos planos para um futuro real.

Ainda que este seja um tempo de desorientação e confusão, de incertezas e contradições generalizadas, também é um tempo emocionante, rico em possibilidades.

Tantas coisas novas podem ser geradas quando abandonarmos a presunção de que possuímos verdades incontestáveis ou, por outro lado, que estamos no meio de uma crise e, portanto, não temos nem identidade nem valores com os quais enfrentar as mutações genéticas que estão sendo produzidas e que nos produzem. Nesse contexto, nos veremos não como "mães" ou "pais" do novo, mas como filhos gerados pelo novo, contanto que consigamos buscar aquilo que nos una, em vez daquilo que nos divida. Desse modo, projetar uma escola significa, em primeiro lugar, criar um espaço de vida e de futuro. Isso requer a pesquisa compartilhada da pedagogia, arquitetura, sociologia e antropologia, disciplinas e áreas do conhecimento que são convocadas a relatar suas epistemologias e a comparar seus sistemas linguísticos e de símbolos, em uma nova liberdade, nascida do desejo de dialogar e trocar ideias. Esse tipo de pesquisa está aberto às contribuições dos experimentos mais avançados das esferas da música, coreografia, *design*, teatro e moda.

Somente assim podemos garantir que o projeto arquitetônico seja *pesquisa* e, portanto, capaz de, dia a dia, fazer um balanço de seus próprios resultados, da eficiência de sua linguagem, da sua capacidade de dialogar com o processo de "tornar-se", que é a base da verdadeira educação. Isso quer dizer construir uma "metáfora do conhecimento" que represente e que sugira mudanças e ações possíveis. Quanto a isso, há um contraste claro com tudo aquilo que guiou a projeção e construção de muitas escolas atuais em todos os níveis, na Itália e também no mundo inteiro. Isso torna-se evidente quando olhamos para a história (ou melhor, para a *não* história) da arquitetura típica das instituições para crianças pequenas (não história porque há pouquíssimos exemplos para citar). Muitas creches e pré-escolas foram construídas em prédios de segunda mão (antigas escolas de ensino fundamental, espaços projetados inicialmente para outro propósito), e mesmo nos espaços em que o projeto arquitetônico tenha sido desenvolvido *ad hoc*, muitas vezes foram resultado de fatores aleatórios e de uma enorme falta de consciência. Na maioria das vezes, a ideia foi *fazer* uma escola, e somente em casos raros foi *dar* uma escola; isto é, um lugar que tem um significado real para uma comunidade e uma sociedade.

Agora é a hora de criar esta simbiose entre arquitetura, pedagogia e outras disciplinas a fim de encontrarmos espaços melhores, mais apropriados. Não estamos procurando um espaço "ideal", mas um que seja capaz de gerar sua própria mudança, porque um espaço ideal, uma pedagogia ideal, uma criança ou um ser humano ideal não existe, existe somente a criança, o ser humano em relação a suas próprias experiências, tempo e cultura.

Desse modo, a qualidade do espaço pode ser definida em termos de quantidade, qualidade e desenvolvimento dessas relações. Assegurar a existência e o fluxo desse tipo de característica é a tarefa principal da pedagogia e arquitetura *relacionais*. Esse elemento relacional é fundamentado em uma maneira de pensar que não é baseada principalmente em dogmas filosóficos ou científicos, mas sim nas relações que permitem a criança (e a pessoa) ser um sujeito que conhece, pois:

- faz distinções, decide limites e faz escolhas; todos esses itens são pilares essenciais na construção do conhecimento.
- é o protagonista no ato do conhecimento, mas também no uso de comentários, uma vez que o aprendizado deve ser acompanhado por reflexão e revisitação. O que temos em mente, então, é um ambiente que se torna uma espécie de superfície refletora na qual os protagonistas da experiência de aprendizagem conseguem ver os traços de sua ação, e isso os torna capazes de falar sobre *como* estão aprendendo.
- experiencia o aprendizado como uma prática, não tanto como um fim, mas para mudar a si mesmo, como disse Bateson. A condição essencial para pensar em termos de relações é uma epistemologia da ação, que é, antes de tudo, uma *maneira* de agir e, na prática docente, torna-se uma maneira de trabalhar em "laboratórios", a escola sendo vista como um grande laboratório, uma "oficina de aprendizado e conhecimento".
- expressa a dimensão estética como uma característica essencial do aprendizado, do conhecimento e da relação. Prazer, estética e brincadeiras são essenciais em qualquer ato de aprendizagem e construção de conhecimento. Aprender deve ser agradável, atraente e divertido. A dimensão estética torna-se, então, uma qualidade pedagógica do espaço escolar e educacional.

Essas são as reflexões que surgiram no decorrer dos vários anos de experiência e de colaboração frutífera na pesquisa realizada em nossas creches e pré-escolas, focada na projeção de espaços escolares.

Mas no que essa experiência pode contribuir para a pesquisa de uma nova epistemologia da arquitetura escolar?

Podemos começar com uma série de premissas fundamentais.

Premissas psicopedagógica e antropológica

– O espaço físico pode ser definido como linguagem, que fala de acordo com conceitos culturais específicos e raízes biológicas profundas.

– A linguagem do espaço é bastante forte, e é um fator condicionante porque é analógica. Ainda que seu código nem sempre seja explícito e reconhecível, nós o percebemos e o interpretamos desde bem jovens.

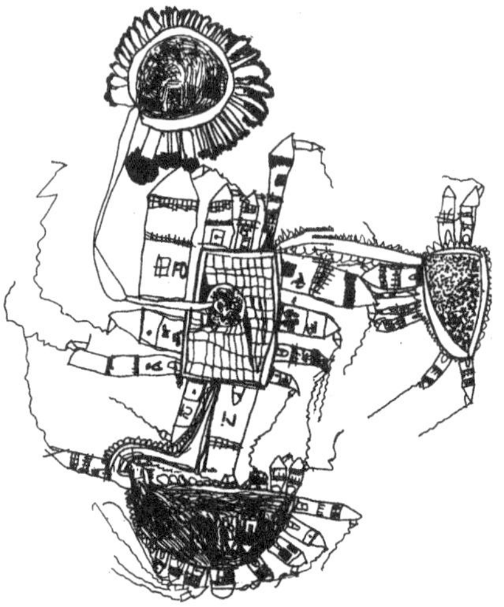

– Como qualquer outra linguagem, o espaço físico é um elemento constituinte na formação do pensamento.
– A "leitura" da linguagem espacial é multissensorial e envolve tanto os receptores remotos (olhos, ouvidos, nariz) quanto os receptores imediatos do ambiente circundante (pele, membranas e músculos).
– As qualidades relacionais entre o indivíduo e seu *habitat* são recíprocas, de modo que tanto a pessoa quanto o ambiente estão ativos e modificam um ao outro.
– A percepção do espaço é subjetiva e holística (tátil, visual, olfativa e sinestésica). Ela é modificada durante as diversas fases da vida e tem uma ligação estreita com a cultura do indivíduo: não apenas falamos línguas diferentes, também habitamos diferentes mundos sensoriais. No espaço compartilhado, cada um de nós faz uma elaboração pessoal do espaço, criando um território individual que é bastante afetado pela variação de gênero, idade, e, como já mencionamos, cultura.
– Crianças pequenas demonstram um nível inato de sensibilidade e competência perceptíveis extremamente alto, que é polissêmico e holístico, em termos de espaço circundante. Seus receptores imediatos são muito mais ativos do que serão em estágios posteriores da vida, e elas mostram uma grande habilidade para analisar e distinguir a realidade usando receptores sensoriais em vez da visão e da audição. Por essa razão, a máxima atenção deve ser dada na projeção da iluminação e das cores, assim como dos elementos olfativos, auditivos e táteis, pois todos são de extrema importância na definição da qualidade sensorial de um espaço.
– Considerando-se a idade e a postura da criança (bebês passam uma quantia significativa de tempo sentados ou deitados, e por um determinado período apenas engatinham), uma importância maior deve ser dada às superfícies que são normalmente tratadas como elementos do pano de fundo, como os pisos, tetos e paredes (que esse estudo levou em consideração).
– Devemos fazer o esforço máximo para estarmos conscientes do espaço e dos objetos que lá colocamos, tendo em mente que os espaços nos quais as crianças constroem suas identidades e suas histórias pessoais são muitos, tanto reais quanto virtuais. Televisões, computadores e outros eletrodomésticos agora são instrumentos da vida cotidiana, assim como a coexistência dos elementos reais, virtuais e imaginários estão nos fenômenos diários, até o ponto de modificar (de uma maneira que talvez nem imaginemos) a definição de espaço e da pessoa que as crianças estão construindo hoje.

A imagem de criança

É importante destacar o papel determinante desempenhado pela definição do conceito, ou imagem de criança, que foi desenvolvida dentro do método pedagógico de nossas creches e pré-escolas. Diversas imagens diferentes poderiam ser possíveis: enfatizar o que a criança *é* e *tem*, *pode ser* ou *pode fazer*, ou o contrário, enfatizar o que a criança *não é* e *não tem*, ou o que ela *não pode ser* ou *não pode fazer*. Acima de tudo, a imagem de criança é uma convenção cultural (portanto social e política) que possibilita reconhecer (ou não) certas qualidades e potenciais nas crianças e construir expectativas e contextos que dão valor a essas qualidades e potenciais ou, pelo contrário, as negam.

O que pensamos sobre as crianças, então, torna-se um fator determinante na definição de sua identidade social e ética, de seus direitos e dos contextos educacionais oferecidos a elas.
Um dos pontos mais importantes da filosofia de Reggio Emilia, como Loris Malaguzzi escreveu, é a imagem de criança que, a partir de seu nascimento, sente-se parte do mundo e está tão determinada a experienciá-lo que desenvolve um sistema de habilidades complexo, aprende estratégias e maneiras de organizar suas relações.
Uma criança que é plenamente capaz de criar mapas pessoais para sua própria orientação social, cognitiva, afetiva e simbólica.
Uma criança competente, ativa e crítica; por isso uma criança "desafiadora", uma vez que produz mudanças e movimentos dinâmicos nos sistemas em que está envolvida, incluindo a família, a sociedade e a escola. Ela é uma produtora de cultura, valores e direitos, competente na vida e na aprendizagem.
Uma criança capaz de montar e desmontar realidades possíveis, construir metáforas e paradoxos criativos, construir seus próprios símbolos e códigos ao mesmo tempo em que aprende a decodificar os símbolos e códigos já estabelecidos. Uma criança que, desde bem cedo, é capaz de atribuir sentidos a eventos e que tenta compartilhar significados e histórias de significados.
Os caminhos e processos de aprendizagem das crianças passam pela relação com o contexto cultural e escolar que, como tal, deve ser um "ambiente de formação", um lugar ideal para o desenvolvimento que valoriza esses processos. A competência e a motivação das crianças podem ser reforçadas ou inibidas, dependendo da consciência e de estímulos do contexto. Diversos estudos trazem à tona a importância do papel do adulto no desenvolvimento das crianças pequenas, não apenas por meio de ações direcionadas, mas também indiretamente, quando os adultos criam contextos educacionais que permitam as crianças usarem suas próprias habilidades e competências. Esse é um fato importante para a organização dos espaços em uma escola para crianças pequenas. Na verdade, como Shaffer afirma, a "programação inata" de cada criança estabelece novos objetivos, então a busca por esses objetivos é uma aventura conjunta da criança e do adulto que intervém com meios diretos que envolvem o espaço, seus confins, suas cores e objetos, e assim por diante.
Esses elementos não são isolados, eles são parte de um "contexto de significados", no qual os objetos engajam-se em diálogos e fazem parte de um problema compartilhado ou tópico de investigação.
Os ambientes físico e psicológico são definidos reciprocamente para dar às crianças uma sensação de segurança que deriva do sentimento de serem bem-vindas e valorizadas, ao mesmo tempo em que garante a oportunidade para desenvolverem todo seu potencial relacional.
Acima de tudo, a creche e a pré-escola são espaços vivos, continuamente caracterizados e modificados por eventos e histórias tanto individuais quanto sociais.
Baseando-nos nessas considerações, podemos seguir para a reconceituação e reorganização da arquitetura escolar, dos espaços e de como eles estão conectados, assim como sua capacidade de aceitar e apoiar tanto o "eu" quanto o "nós", o grupo pequeno e o grande grupo, a memória individual e a coletiva; também está no momento de apoiar a possibilidade de agir e refletir sobre as próprias ações, a legibilidade do espaço, transparência mas também opacidade (quando e onde as crianças forem permitidas a retirar-se da supervisão de um adulto, sendo sua privacidade respeitada), a capacidade de estimular a curiosidade, ações e gestos, habilidades manipulativas e de construção, e finalmente a eficiência comunicativa do espaço.

A escola como um sistema

Seria errado, no entanto, enfatizar excessivamente o protagonismo e a identidade da criança, pois o foco principal é a relação entre crianças e adultos. A creche e a pré-escola não devem ser vistas como um único sistema, mas como um sistema de sistemas, um sistema de relações e comunicações entre as crianças, os professores e os pais.

A fim de ser considerado verdadeiramente relacional, a interação deve estender-se para relações com o espaço, por meio de salas de aula interligadas e que também sejam ligadas às áreas de serviços (cozinha, refeitório, banheiros) e não separadas por corredores. Deve haver espaços maiores e mais abertos (como a área comum e a *piazza*), assim como espaços menores, mais isolados, que promovem a experiência de trabalhar em grupos pequenos ou individualmente.

Estas escolhas significativas que promovem o ambiente de relação-interação também implicam na necessidade de transparência pelo lado de dentro, em direção ao exterior (paredes de vidro e janelas que possibilitam orientar-se usando a visão e manter a relação com o espaço).

O projeto pedagógico deve estar entrelaçado com o projeto arquitetônico de modo a auxiliar os processos que ocorrem nesse espaço, os processos de aprendizagem, ensino, troca e compreensão, por parte de todos os protagonistas: crianças, funcionários e pais.

A presença do adulto (funcionários e pais) torna importante a organização de espaços e móveis que facilitem e auxiliem o trabalho dos professores e as relações funcionários-pais, incluindo salas de reuniões bem equipadas, arquivos, biblioteca, estufa e ferramentas de trabalho; em outras palavras, tudo que é fundamental para o trabalho diário dos professores e indispensável para apoiar o envolvimento ativo dos pais na escola.

Desse modo, o objetivo é assegurar que as três partes possam ocupar o espaço de maneira eficaz, mas acima de tudo garantir seu bem-estar enquanto criadores e usuários do espaço e do que acontece dentro dele.

A instituição escolar (creche ou pré-escola) é vista como um "organismo vivo" que pulsa, muda, transforma-se, cresce e amadurece. Essa definição apresenta um problema que chamaremos de processos de entropia, ou gestão de mudanças. Um organismo vivo nunca permanece igual, e a escola para crianças pequenas nunca é a mesma de um dia para o outro, então devemos ser capazes de assegurar uma continuidade de identidade dentro da mudança, uma memória do passado e uma "memória" do futuro.

A escola que abre pela manhã é diferente da que foi deixada na tarde anterior, justamente devido às diversas mudanças que ocorrem durante o dia. Na escolha de materiais, por exemplo, devemos avaliar com cuidado essa questão de modificações que deixam traços e memórias no espaço e no ambiente como um todo. O espaço e a mobília têm o direito de envelhecer e assim mostrar marcas do tempo. Seria angustiante ter um espaço repleto de materiais "estéreis", impermeáveis ao tempo e ao desgaste, apesar de que obviamente deveria ser dada a atenção devida à manutenção e higiene.

A ideia é que devemos evitar qualquer escolha ou solução que faça do prédio escolar um lugar estéril em vez de um espaço vivo.

Essa reflexão sobre mudanças também diz respeito às que ocorrem no decorrer do ano, do mês e, como dissemos, do dia.
A questão reside em quantas possibilidades existem para a criança enquanto indivíduo e para o grupo de crianças, os protagonistas da experiência, de ter uma história, de deixar rastros, de ver que suas experiências recebem valor e significado. É a questão da memória, narração e documentação como um direito, que incorpora a qualidade indispensável do espaço educacional.
O espaço da creche requer uma série de considerações específicas, ainda que permaneça dentro do projeto educacional compartilhado com a pré-escola.
A necessidade de segurança e personalização é mais clara e marcada nas creches (crianças de 3 meses a 3 anos de idade), uma vez que a idade das crianças e seu desenvolvimento perceptivo, cognitivo e afetivo requerem um nível de consciência alto em termos de considerações e qualidades arquitetônicas. É dada atenção especial à organização de espaços (nichos, espaços mais reservados), às superfícies (os materiais usados em piso, paredes, teto), aos aspectos de percepção (sons, odores e toque, assim como iluminação e cores), e aos móveis e materiais que sirvam melhor à necessidade de segurança e ao desejo de autonomia expressado pelas crianças dessa idade. A arquitetura da creche deve respeitar as diferenças consideradas individuais de cada criança (em termos de identidade, ritmo, gênero, hábitos), mas também deve satisfazer as necessidades de descoberta, novidade, morfogênese e participação, que são igualmente fortes, mesmo que menos evidentes, em crianças dessa idade em comparação a crianças mais velhas.
Gosto de pensar no ambiente da creche como uma espécie de espaço "japonês", com tudo que é simbólico, metafórico, sensorial, mutável, acolhedor e de tamanho apropriado, que parece caracterizar o espaço de acordo com a tradição japonesa.
Acima de tudo, tanto a creche quanto a pré-escola (assim como qualquer outro espaço educacional), para ser verdadeiramente um local de produção, aprendizado, cultura e experimentação sociopolítica, deve ser concebido e construído como um lugar de ação em vez de palavras, uma verdadeira "oficina do fazer com as próprias mãos", que em nosso caso é uma clara referência cultural ao Renascimento.
É através da ação que as crianças conseguem entender o caminho de seu aprendizado, a organização de sua experiência e de seu conhecimento e o significado de suas relações com o outro. Refletir sobre as próprias ações ajuda a construir a diferenciação que dá forma ao sujeito conhecedor, ao objeto conhecido e às ferramentas do conhecimento.

Sínteses

O objetivo é, portanto, construir e organizar espaços que permitam que a criança:
- expresse seu potencial, suas habilidades e sua curiosidade;
- explore e pesquise sozinha e com outros, tanto com o grupo crianças quanto com os adultos;
- perceba-se como construtora de projetos, incluindo o projeto educacional geral desenvolvido na escola;
- estabeleça sua identidade (também em termos de gênero), autonomia e autoconfiança;
- trabalhe e comunique-se com os outros;
- saiba que sua identidade e privacidade são respeitadas.

Aos professores:
- sintam-se auxiliados e integrados em suas relações com as crianças e os pais;
- tenham espaços e móveis adequados que sanem suas necessidades de se encontrar com outros adultos, tanto colegas quanto pais;
- tenham sua necessidade de privacidade reconhecida;
- sejam apoiados em seus processos de aprendizado e desenvolvimento profissional.

Aos pais:
- ser escutados e informados;
- encontrar-se com outros pais e professores de maneiras e em momentos que construam uma verdadeira colaboração.

Isso é a arquitetura guiada por processos, que fomenta a comunicação e é em si mesma comunicação.

Uma forma capaz de auxiliar o entrelaçamento de projetos (esse sistema de sistemas) que são a creche e a pré-escola.

Um ambiente no qual é agradável estar, que pode ser explorado e experienciado através de todos os sentidos e que inspira avanços no aprendizado.

Um ambiente que é empático, que compreende o significado da, mas também dá significado à, vida das pessoas que o habitam.

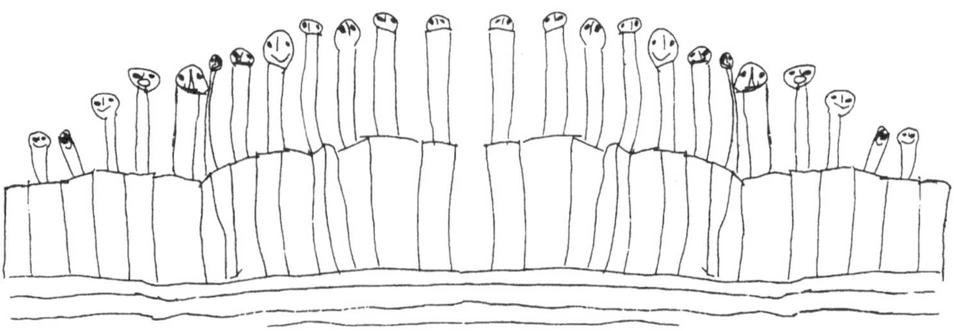

Andrea Branzi

Educação e espaço relacional

Há uma certa relação que liga o *design* e a didática, uma relação orgânica que vincula essas duas disciplinas de uma maneira muito mais estreita do que, por exemplo, arquitetura e didática. Qual é a origem dessa relação tão especial?

Em primeiro lugar, ela é baseada em uma escolha básica comum, na qual tanto o *design* quanto a didática tentam alcançar transformações materiais e cíveis de grande escala, começando não pelos macrossistemas urbano e cultural, mas sim pela realidade dos microssistemas, no nosso caso, pelas crianças e objetos do dia a dia. Como sabemos, as revoluções mais bem-sucedidas geralmente são aquelas que começam exatamente pelo pequeno, pelo diário, pelo indispensável.

Essa escolha estratégica inicial é o que nos une aqui, educadores e *designers*, para enfrentar as questões atuais, como um ponto no qual mais operações culturais em grande escala podem começar. Como a experiência de Loris Malaguzzi ensinou-nos, essas operações iniciam a partir do vínculo aparentemente mais fraco da sociedade, para criar novas condições de liberdade e identidade para os seres humanos e para o ambiente em que vivem.

Os teóricos muitas vezes subestimaram a marca didática secreta que existe em um projeto de *design*, no sentido em que projetar um novo objeto (ou espaço) também significa tentar trazer à tona na pessoa (ou na criança) uma racionalidade escondida, uma possibilidade cognitiva e comportamental que está enterrada embaixo da complexidade genérica das linguagens e emoções, com um alfabeto novo mas nunca completo.

Em 1849, o reformista inglês Sir Henry Cole publicou no *Journal of Design and Manufacturers* de Londres o que ele chamou de "desenhos didáticos de objetos do cotidiano", com uma espécie de código primário das coisas simples, visando descrever (ou melhor, projetar) objetos conceituais como pontos de referência para reequilibrar o ambiente cotidiano diante da invasão do ecletismo e dos produtos industriais. O *design* moderno nasceu, assim, como didática reformista da Era Vitoriana, e essa discussão sobre a relação entre as pessoas e os objetos da casa (cujo desenvolvimento continuou com William Morris) também foi a origem do núcleo mais forte e político da arquitetura moderna.

Vamos ver outro exemplo rápido.

O ponto de referência dos primeiros movimentos vanguardistas da Rússia na virada do século, como visto nas gravuras do suprematista Kazimir Malevich, era o camponês, visto como o arquétipo da sabedoria e cultura popular, que a Revolução Soviética deveria colocar em evidência mais uma vez como o protótipo estrutural da nova Rússia e da nova humanidade socialista. Assim, o modelo era não urbano e pré-moderno: um homem livre da história e cultura burguesa, que possuía sua própria cultura inata feita de sabedoria elementar e

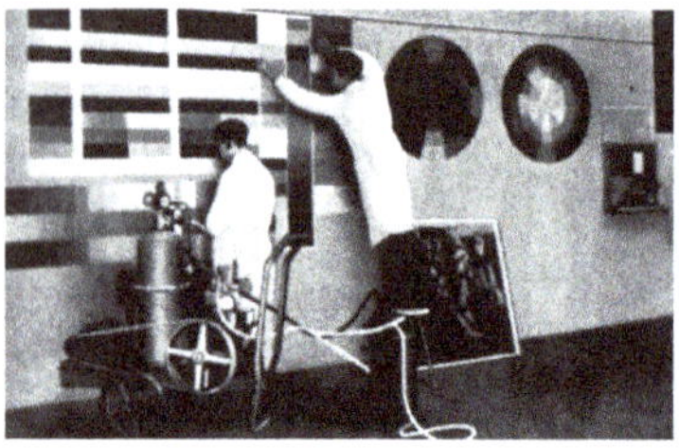

popular. Esse modelo humano, que não fazia parte da história, mas que reinventou a história, estimulou Malevich à sua pesquisa suprematista, que ultrapassou a natureza das línguas contemporâneas, passando além da modernidade: um quadrado preto em um fundo branco como nível zero de linguagem e como refundação de um alfabeto primordial, pré-moderno e absoluto a ser alcançado por meio de uma revolução antropológica.

Podemos perceber que, desde a virada do século, o *design* desenvolveu-se através de uma sucessão de oficinas experimentais que ficaram conhecidas como "escolas": desde Bauhaus de Walter Gropius passando pelas oficinas futurísticas de Fortunato Depero, pela Inchuk de Rodchenko, pela Hochschule für Gestaltung em Ulm, dirigida por Tomàs Maldonado, até a New Bauhaus em Chicago, dirigida por Moholy-Nagy. Este é um evento totalmente singular, dado o fato de que a persistência de uma dimensão didática tão marcada como o *design* moderno não é encontrada na arquitetura, nem nas artes visuais, nem na música, na medida em que a história do *design* é inteiramente animada por eventos de didática organizada. É como se as pesquisas em didática e em *design* tivessem tornado-se sinônimos, envolvendo energias dispersas em reflexões compartilhadas, e ativando processos evolucionários da transformação da realidade. Em congruência com estas escolas históricas de *design*, sempre houve um esforço para definir um novo modelo de ser humano; isto é, uma definição (também formal) da nova humanidade que a Modernidade estava no processo de construção.

O homem futurista de Depero e Balla era o herói de uma revolução tecnológica sem fim nem objetivo. O homem mecânico da Bauhaus incorporava a lógica da indústria e tornou-se a força motriz da Era da Máquina. O homem construtivista de Rodchenko e da escola Inchuk, protagonista de uma nova moralidade dos trabalhadores, foi capaz de construir uma revolução política mundialmente. O homem racional e lógico da escola de Ulm no período do pós-guerra, que incorporava uma modernidade baseada na democracia e na certeza da tecnologia.

Do mesmo modo, houve muitos outros modelos de humanidade pelo mundo, em torno do qual um novo universo de objetos e ferramentas podia ser construído. O projeto didático do *design* moderno consiste exatamente em um esforço de realçar, por meio do sujeito-cenário, a natureza profunda do indivíduo situado no cenário.

No entanto, também podemos notar que o termo "escola" nunca define a verdadeira razão institucional dessas oficinas, que consistem em espaços abertos para refletir sobre a nova identidade humana, sobre a história material em progresso, e sobre as novas possibilidades técnicas – experiências que geraram um acúmulo de novas noções, signos, processos e conexões, e que por essas razões são chamadas de "escolas". Mas são apenas escolas nas conclusões alcançadas, e não nas premissas. Falando em termos didáticos, esta é uma mensagem importante, pois o ensino realmente acontece somente quando há algo novo para ser aprendido.

Então a nobre história da escola do *design* do século XX na verdade (e paradoxalmente) originou-se em um movimento antiescolar, uma negação

do e uma revolta contra o conhecimento pré-estabelecido, em oposição a um antigo método conteudista que estava claramente passando por um declínio inevitável. A história escolar de nossa disciplina, portanto, originou-se dos movimentos antiescola que a precederam e a nutriram.
Na modernidade, a lógica da escola e da antiescola, da didática e da espontaneidade, do *design* e da criatividade pura, estão se autossustentando dinamicamente, sem jamais alcançar um equilíbrio definitivo.
O *design* italiano, talvez mais que os outros, manteve essa dimensão pedagógica, na medida em que por aproximadamente 40 anos tem sido uma escola aberta a redescobrimentos, através do projeto de *design*, que é a base para um tipo de conhecimento simples (mais que racional), novo e democrático. O *design* italiano, na verdade, tem sido a única experiência nacional que inclui autodidatas, teóricos do *design* e oficinas anti-institucionais como a Domus Academy.
Curiosamente, o modelo funcional da modernidade italiana nunca foi analisado com a atenção crítica necessária. Muitas vezes ele foi comparado ao modelo clássico alemão de racionalismo, dissipando sua originalidade e força. Enquanto a modernidade alemã produziu um modelo didático e de projeção decisivo mas frágil, a modernidade italiana, imperfeita e incompleta, produziu um modelo para didática e *design* que é frágil mas ao mesmo tempo influente nessa época de complexidade e indeterminação. Dentro do modelo italiano de modernidade, a pesquisa didática e o *design* desempenham um papel importante, e eu diria que o interesse internacional nas creches e pré-escolas de Reggio Emilia é uma demonstração clara desse fato.
Enquanto Froebel, na virada do século, aconselhou dar às crianças (vista como um pequeno gênio criativo) uma esfera e um cubo, somente algumas décadas mais tarde as irmãs Agazzi (Rosa e Carolina) aconselharam, em vez disso, remexer nos bolsos das crianças a fim de encontrar os instrumentos simples e engenhosos do autodidatismo espontâneo incorporados em uma brincadeira.
Poderia-se argumentar facilmente que essa maneira de ver a brincadeira como um ato criativo e didático também pode ser encontrado no trabalho de Bruno Munari, com seu interesse pela criatividade infantil e pela natureza efêmera dos instrumentos pedagógicos. Mas, na verdade, as brincadeiras para Munari são as sementes de uma visão estrutural do mundo, em que o domínio da razão e o do caos já não estão mais em contradição, mas colaboram entre si e trocam seus papéis.
A verdadeira criança a quem Munari refere-se é ele mesmo: o artista em seu eterno jogo da vida sem nenhuma certeza, exceto talvez a certeza da arte aberta e da pesquisa infinita.
As oficinas de Munari para crianças, organizadas no mundo todo a partir de 1977, são o resultado mais evidente dessa atenção, mas, na verdade, elas também mandam uma mensagem paralela aos adultos, para nos ensinar a "ver o ar", ou aquilo que existe mas em que não prestamos atenção.

A maioria dos *designers* italianos das décadas de 1950 e 1960 fizeram referência, pelo menos visualmente, à presença das crianças, vistas como interlocutores ideais para seus projetos e produtos: Mari, Zanuso, Castiglioni e muitos outros introduziram crianças em sua iconografia comercial.
Esta presença da infância no *design* italiano do pós-guerra (quer real, quer puramente teórica) transmite uma ideia interessante: a criança é vista como um novo componente com intuito de livrar-nos da rígida lição do racionalismo, como uma refundação baseada na espontaneidade, simplicidade e democracia. Um produto produzido em massa com uma criança proposta como o usuário ideal sinaliza ao mercado que tal produto está aberto a interpretações e está contra os poderes, contra os mitos opressivos das leis formais. A criança é vista como oposição, reformismo, antiautoritarismo.

Enquanto o trabalho de Munari parece apontar para a mesma didática "frágil" e criativa das irmãs Agazzi, o trabalho estrutural forte de Enzo Mari não consegue evitar alinhar-se ao racionalismo científico de Maria Montessori e sua ideia de que a criança é a medida abstrata do mundo.

Como na visão de Munari, a criança para Enzo Mari é o interlocutor de suas brincadeiras, assim como de seus produtos e de todo seu trabalho refinado e elegante. Mas enquanto para Munari a criança é uma metáfora para a pessoa que brinca e aprende, serena e feliz, experimentando e desordenando coisas, ilógica e descuidada em um mundo que é por si só ilógico e descuidado, para Mari, a criança comporta uma racionalidade simples e elementar que todas as pessoas deveriam ter – uma racionalidade honesta, definida e rústica que o homem destruiu durante o drama da política diária. Para Munari, a criança é um artista que olha o mundo; para Mari, a criança é um parceiro em sua visão do mundo.

Tanto para Mari quanto para Munari, o *design* é usado para reconstruir, por meio de objetos simples, os traços de uma infância perdida ou quem sabe nunca vivida, que serve, no entanto, para olhar com pena os adultos traídos por sua maturidade mal compreendida. "Todo homem já foi uma criança, uma bela criança", disse Alfonso Gatto em *Il Vaporetto.*

No trabalho de Mari, os componentes didáticos que surgem são diferentes dos elementos mais árduos da luta de classes de acordo com Antonio Gramsci, que mencionou que tomar posse dos instrumentos da classe média era o resultado mais politicamente correto da escolaridade, em uma visão superficial da questão de classe, que então levaria a Don Milani e Pier Paolo Pasolini.

Mas o que é hoje que nos conecta à didática de Loris Malaguzzi?

Em primeiro lugar, poderíamos mencionar o que nos difere usando exemplos que eu acabei de citar e sobre os quais podemos dizer que pertencem à tradição dos movimentos históricos de vanguarda.

A diferença pode ser vista pelo fato de que hoje, nossa maneira de "fazer" *design* não é caracterizada por um código estilístico, e o método didático das creches e pré-escolas de Reggio Emilia também não é caracterizado por um modelo definido de criança e de adulto. Nós trabalhamos não para desenvolver formas e comportamentos pré-estabelecidos, mas para utilizar potenciais de formação e comportamento que não foram e nem podem ser definidos, e que de alguma forma modificam e ampliam continuamente o conceito de normalidade em relação ao indivíduo e ao ambiente.

Como Carla Rinaldi diz neste manual: "Nossa época é de transição, e nossa geração é transitória. Nossa tarefa é viver uma 'estação de *design*' na qual é impossível usar os antigos valores e parâmetros pedagógicos, arquitetônicos, éticos, sociais e educacionais, portanto torna-se essencial que nos aventuremos no novo e que façamos planos para um futuro real."

Eu apenas acrescentaria que esse período de transição não é transitório: vivemos em um período de transição permanente, definitiva e interminável. Ele não está situado como um breve intervalo entre dois sistemas de certezas (o velho e o novo). Entramos em uma época histórica na qual a incerteza domina, sendo ela a única certeza, uma época (e não um momento de curta duração) de transformações, ajustes e hibridização.

O período da totalização da modernidade, de ideologias e modelos globais, acabou, assim como a época da racionalidade dupla baseada em uma visão tudo ou nada, em que a moralidade é julgada por uma distinção rígida entre o bem e o mal, e a política é dividida entre poder e oposição. O que se iniciou foi a estação dos valores intermediários, das nuances, do pensamento "turvo" na ciência e na ética, como sustentado pelos lógicos contemporâneos como Bart Kosko e Lofti Zadeh.

Na Domus Academy, em 1995, com Nancy Martin e 63 alunos de 31 países diferentes, organizamos um seminário intitulado "The human evolution", destinado a descrever formalmente, de acordo com a tradição histórica das escolas de *design*, a nova identidade psicofísica da humanidade contemporânea imersa no complexo sistema de crises que nos conduz. O que surgiu de nossas discussões foi uma identidade humana que definimos como indeterminada, indistinta, intermediária; e, nesse sentido, é uma identidade completamente original que não tem nenhuma semelhança com a identidade produzida há 20 anos no começo da crise da modernidade. Em outras palavras, nossa impressão é que, por meio desse sistema complexo de crises, condições operativas e lógicas completamente novas começam a surgir, e que a época histórica da pós-modernidade está realmente acabada. No início do século XX desenvolveu-se um sistema de certezas (ciência, ateísmo, razão, progresso) e agora, em seu final, produziu-se uma crise dessas certezas (agnosticismo, dúvida, sustentabilidade). Isso resultou em novos pontos de referência fixos que abrangem uma incerteza permanente, espalhada e desconstruída, que, como um todo, constitui um fato certo e inegável.

Poderíamos dizer que a norma não é mais um valor unificador, estável e preliminar. Hoje em dia, ouvimos discursos de vários políticos sobre os planos de construir uma sociedade "normal". A normalidade da sociedade não é mais uma condição existencial a ser evitada, como Munari disse, ao transformar crianças em artistas. Em vez disso, é uma condição a ser alcançada, juntando a normalidade do artista com a normalidade da criança. Assim, é um ponto final indefinível e basicamente inalcançável, mas ainda é objeto de pesquisas intermináveis.

Essa também é a lição de Loris Malaguzzi: o desejo de criar crianças "normais", como resultado de uma utopia diária pela qual se luta.

O modelo didático no início da Domus Academy deve muito a essa visão, e após 15 anos podemos dizer que esse modelo influenciou profundamente a atividade didática no campo do *design* como um todo. O modelo pode ser definido por meio de dois pontos: ensinar para aprender e colocar o *design*er, em vez do *design*, no centro da didática. Isso quer dizer não contar com métodos infalíveis, mas tentar desenvolver em cada indivíduo as habilidades analíticas necessárias para compreender o mundo e as habilidades de criação para mudá-lo.

Nesse sentido, estamos aqui juntos (Reggio Children e Domus Academy) na época que vivenciou o fim dos movimentos históricos de vanguarda e o nascimento da "vanguarda permanente", que é diária e institucional.

Mas parece haver uma circunstância atenuante que exclui a arquitetura de qualquer relação com a lógica da indeterminação, e ela deriva do fato de que o termo "arquitetura" coincide historicamente com "construção", e o que é construído é, por definição, diferente do que não é construído. De fato, o próprio ato de construir parece marcar o advento de uma decisão irrevogável que exclui qualquer alternativa de opiniões. A categoria da arquitetura parece estar tão profundamente integrada a uma destinação definida que um trabalho arquitetônico, uma vez completo, está excluído de outras escolhas possíveis. A função da arquitetura contemporânea tem, até hoje, sido vista em termos puramente estilísticos.

Ao trabalhar com as creches e pré-escolas de Reggio Emilia nesse projeto de pesquisa sobre ambientes para crianças pequenas, achamos necessário tratar o espaço relacional não como um modelo definido e repetível, mas transformá-lo em um processo complexo de qualidades primárias e imateriais que possibilitem a construção de uma verdadeira relação entre adultos e crianças, em vez de uma função escolar tradicional definida pelas características distributivas do prédio.
De uma certa forma, tentamos introduzir a variável tempo de maneira permanente em um teorema arquitetônico, transformando esse teorema em um "hipertexto" facilmente praticável, onde a configuração do espaço nunca é definitiva, mas segue o metabolismo das transformações em relação ao uso e à função das coisas.
Em uma conferência realizada na Domus Academy, sobre espaço relacional, o filósofo e semiólogo Carlo Sini afirmou que foi o mito grego de Kronos (tempo), que devora seus filhos, que produziu a separação entre espaço e tempo na cultura Clássica, colocando a arquitetura longe do alcance do pai que a tudo destrói. Hoje, esse mito ancião que herdamos, em que a arquitetura é um espectador do tempo, mas não está sujeita a suas leis, abre espaço para uma recomposição desse conto mítico. No espaço relacional, é o espaço que muda com o tempo, assim como sua identidade e imagem.
A indeterminabilidade produzida pela variante tempo (e não a desconstrução) do espaço arquitetônico é, na verdade, o conceito básico que pode superar os limites da metáfora puramente figurativa para criar novas condições relacionais dentro da Metrópole Genérica.
A antiga composição arquitetônica baseada na formação de organismos figurativos, expressivos e metafóricos entra em crise, e a busca em vão por novas linguagens, em um momento no qual os pontos de referência básicos desapareceram, abrem caminho para um conceito diferente de projeto de *design*. Um projeto no qual micro e macroescala coincidem, seguindo um conceito que chamamos de "espaço relacional", do qual a escola Diana é um bom exemplo.
As questões predominantes no espaço relacional são as relações que esse espaço permite, as "funções" que podem ser acionadas, e as informações e filtros que podem ser ativados nesse espaço. Quando falamos de espaço relacional, queremos dizer um espaço integral (e não virtual) no qual as categorias dimensionais do projeto arquitetônico e de *design* são extrapoladas, em face a processos nos quais a pequena e a larga escala coincidem sem a necessidade de distinções disciplinares. Como Rem Koolhaas as chama, "P-M-G-XG" (Pequena, Média, Grande e eXtra Grande), essas são as únicas categorias (dimensionais) que permanecem em jogo. O espaço relacional não deriva de um projeto unitário, mas de uma maneira de compreender a realidade, um modo de montá-la e desmontá-la, e de uma consciência do declínio definitivo dos sistemas de arquitetura figurativos (e narrativos).
As qualidades ativadas nesse espaço não são somente de uma natureza estética com composições, mas têm a ver com desempenho, embora não no sentido de ser funcional de acordo com a velha definição pragmática, que mantinha as questões estéticas e funcionais separadas. No espaço relacional, essa distinção desaparece: estética é uma parte funcional do projeto, assim como as questões funcionais fazem parte da estética.
Um espaço, então, que seja definido por um sistema de serviços e qualidades agradáveis, correspondendo a campos de energia fracos, que possa produzir hipertextos espaciais nos quais o episódio de *design* individual perca grande parte de sua identidade, perímetro e rigidez.
O espaço relacional não é feito de zonas funcionais, em vez disso, surge da fluidez das zonas. Todos os espaços são iguais, porque os códigos estilísticos ligados a funções especializadas (morar, trabalhar, produzir, viajar, negociar) também estão se tornando mais fluidas, produzindo um sistema de não lugares, como Marc Augé diria, com um nível baixo de identidade mas uma

alta flexibilidade de uso. O espaço relacional deve, portanto, ser visto como um sistema difuso de "incubadoras" no qual novos vínculos podem ser ativados e criados dentro das redes de relações. Um espaço no qual a diferença entre o *design* e o não *design* tende a desaparecer.
Então, para concluir, o modelo da pré-escola Diana e de outras pré-escolas e creches de Reggio Emilia, onde as crianças aprendem, dormem, trabalham, comem e brincam, não está longe de ser um exemplo de modelo relacional. O fato de ser uma escola não limita seu impacto cultural ou o valor da prova que oferece em termos não apenas de educação mas também de cultura de espaço, que pode produzir a partir do chão, do interior, através do *design* de microssistemas e estruturas primárias (luz, som, cor, material), uma nova arquitetura e uma nova *pólis*.

Vea Vecchi

Que tipo de espaço para viver bem na escola?

Que tipo de *escola* para viver bem em um *espaço*?

Gostaria de confrontar o tema deste livro diretamente considerando a questão: de que tipo de espaço as crianças precisam para habitarem a escola da melhor forma?

Para isso, farei referência específica a observações e dados resultantes de um estudo recente realizado na pré-escola Diana. Sinto que essa é a maneira mais produtiva de contribuir com aqueles que projetam escolas e aqueles que as habitam, pois as crianças e a maneira como elas ocupam os lugares, constroem relações e aprendem nem sempre são o ponto primordial de referência que guiam as diversas fases da projeção e construção de uma escola.

Usar a pesquisa como ponto de partida não é uma escolha aleatória: sempre fizemos uso de observação *in loco* quando queremos fazer mudanças, avançar nossa maneira de pensar e encontrar novas harmonias entre o ambiente e uma cultura em constante mudança. Uma espécie de manual que simplesmente relatava os projetos que nós realizamos e as escolhas feitas até o presente momento seria menos útil, penso eu, para compreender e proceder com novos projetos.

Antes de discutir os resultados de nossa pesquisa recente, entretanto, gostaria de mencionar um estudo anterior (realizado no início da década de 1970), uma vez que ele ressalta a atenção especial dada ao espaço físico que é comum nas creches e pré-escolas de Reggio Emilia, e também sugere investigações análogas para outras escolas. O objetivo desse estudo em particular era modificar o ambiente escolar, que considerávamos ser inadequado em relação às nossas filosofias e metodologias educacionais.

Dois grupos de estudos foram organizados, cada um contendo pedagogistas, professores e atelieristas.

Um dos grupos discutiu o espaço físico no geral e preparou uma investigação com a ajuda de Tullio Zini, um amigo arquiteto. Usando esta investigação, o grupo examinou os diferentes tipos de espaços em uma série de escolas, analisando e avaliando o movimento, a funcionalidade e a qualidade dos modos como o espaço era habitado pelas crianças, funcionários e pais, observados em diferentes momentos do dia considerados representativos.

Em paralelo, o segundo grupo gravou e refletiu sobre as diversas atividades que ocorreram nas escolas e sobre os materiais e a mobília.

Como em toda pesquisa, as descobertas podem acabar como material inerte ou tornar-se uma fonte de energia para mudar o presente e orientar o futuro. Nesse caso, nossa pesquisa forneceu material de valor inestimável para estudos posteriores e discussões mais aprofundadas que trariam uma consciência e clareza maiores aos projetos de re-*design* do espaço e fomentariam o desenvolvimento de uma "cultura de habitação".

Como resultado, os diversos espaços escolares receberam novas identidades, incluindo planos para novos móveis e funções que estariam em maior congruência com o projeto pedagógico.

O tradicional espaço comum, presente em muitas de nossas escolas, por exemplo, foi transformado em uma *piazza* que catalisaria muitos tipos de encontros interessantes; a entrada tornou-se um "cartão de visita" metafórico, introduzindo e fornecendo informações sobre a escola e seus habitantes; as áreas de serviços (cozinha e banheiros) adquiriram a importância que mereciam e foram transferidas metaforicamente da periferia para a área central do plano físico: os conceitos importantes de relações e comunicação foram reforçados visualmente com transparência das paredes de vidro e com o fluxo de conexões entre os cômodos e o exterior; e assim por diante.

Quando essa fase do estudo foi finalizada, os dois grupos de estudo oficiais foram dissolvidos, e continuamos a trabalhar com os pais participantes dos conselhos escolares. Usando os resultados da pesquisa como referência (um manifesto cultural), cada escola começou a projetar móveis, materiais e novos contextos que foram então construídos pelos próprios pais e funcionários, renovando o *design* de interior das escolas.

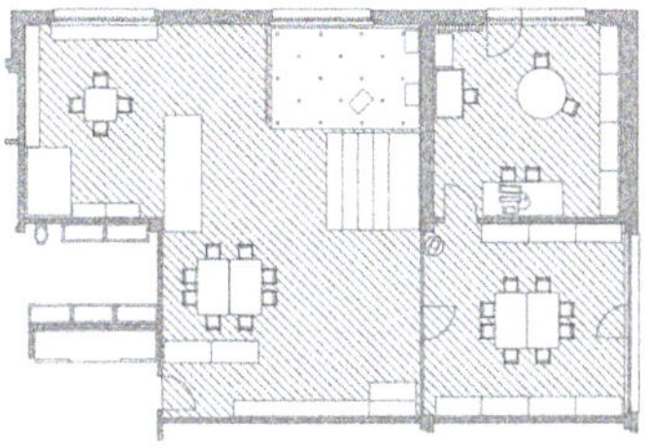

Foi uma experiência cultural, social e política extremamente interessante, que criou em nossas escolas uma nova cultura do ambiente físico e uma atenção maior a como ele é habitado, assim como forneceu orientação para trabalhos futuros.

A remodelagem de projetos (como a pré-escola Diana) e a construção de novos prédios escolares (a creche Arcobaleno) ofereceram oportunidades para discutir e planejar uma série de soluções vanguardistas em conjunto com o departamento técnico municipal.

A escola Diana é um bom exemplo desse tipo de soluções. Apesar das restrições espaciais e econômicas, nossa escola tem sido citada como um dos exemplos mais interessantes de um "espaço vivo" por aqueles que estudam escolas para crianças pequenas ao redor do mundo.

No projeto de remodelagem realizado, uma série de ideias que surgiram de nossa pesquisa recebeu uma forma concreta.

Em um diálogo contínuo entre pedagogistas, professores, arquitetos e técnicos municipais, e por meio de um projeto de baixo custo, diversas modificações foram feitas no espaço. Dentre elas estava a divisão do espaço da sala de aula em três espaços bem definidos, alguns separados por meio de paredes de vidro, a fim de manter a "comunicação", e outros simplesmente por portas.

Um dos novos espaços, chamado de miniateliê, pois tem os mesmos tipos de materiais e oferece oportunidades parecidas com o ateliê central, foi uma mudança importante gradualmente aderida em todas as escolas municipais. Essa mudança não só modificou o espaço físico, mas também afetou profundamente os procedimentos de trabalho e organização na escola Diana.

E o mesmo aconteceu com outras ideias e intuições, que foram implementadas assim que a oportunidade surgiu nas várias escolas.

Menciono esses exemplos não somente por nostalgia, mas por acreditar que demonstram claramente que os resultados de observação *in loco* não são apenas um recurso pedagógico, mas também fornecem (ou deveriam fornecer) orientação para a didática assim como para o *design* e a arquitetura da escola.

A pesquisa realizada esse ano na escola Diana, com todas as crianças (de 3 a 6 anos de idade) focou em três aspectos específicos:

1. Como as meninas e os meninos de diferentes idades movem-se nos espaços, por que os utilizam, que tipo de relações as crianças criam em situações nas quais elas se organizam autonomamente em um espaço específico como o da nossa escola.
2. Como as meninas e os meninos de diferentes idades percebem e representam o espaço da escola (interior e exterior) usando diferentes meios gráficos e plásticos.
3. Como as meninas e os meninos, em diferentes idades, usam os canais sensoriais para fazer contato com a realidade e para desenvolver seus processos cognitivos.

Sem entrar nos pormenores dos meios e métodos da pesquisa, mencionarei alguns dos elementos que surgiram e que considero interessantes em termos de suas implicações para o trabalho dos professores, *designers* e arquitetos.

A primeira conclusão foi uma confirmação de que as crianças buscam relações com seus colegas de maneira incessante.

Quando as crianças chegam pela manhã, passam a maior parte do tempo em grupos pequenos (um grupo de três parece ser o número preferido), experimentando relações, negociando, trocando objetos trazidos de casa e planejando seus jogos e papéis do dia. Para essas trocas relacionais, as crianças mais velhas tendem a escolher áreas mais remotas ou isoladas da escola, ocupando os espaços mais "escondidos".

A segunda conclusão a que chegamos foi a confirmação, para todas as idades e para todas as crianças, da forte atração pela narrativa. De maneiras diferentes e em situações diferentes, as crianças adoram tecer histórias, projetando-se em mundos imaginários ou simulando os mundos reais.

Nessa construção de mundos virtuais, os personagens propostos pela mídia de massa têm um lugar importante tanto para as crianças pequenas quanto para as mais velhas: os *Power Rangers* e a *Sailor Moon* são os incorporados com mais frequência atualmente, as crianças possuem esquemas específicos e compartilhados em relação a seus papéis, palavras e gestos.

Para esse tipo de brincadeira, as crianças menores (as de 3 anos de idade) tendem a escolher áreas que permitam uma variedade de movimentos corporais e ofereçam materiais que amenizam o impacto de pulos e lutas.

Em geral, os meninos são mais nômades que as meninas, que tendem a criar "lugares dentro de lugares".

Um exemplo que acho muito interessante é mostrado na foto abaixo, em que um grupo de meninas escolheu capas coloridas no canto de fantasias e as colocou no chão na área ampla da *piazza*, criando assim uma constelação de espaços circunscritos que elas então ocupam individualmente ou em pares.

Esse tipo de comportamento e de utilização do espaço nos dá um indício interessante; isto é, que é suficiente ter uns poucos elementos, compostos por diferentes materiais e cores, que possam ser movidos facilmente a fim de construir simbolicamente diferentes espaços e permitir que as crianças se projetem em novos mundos e relações. As crianças também constroem histórias usando as novas tecnologias, muitas vezes de maneiras incomuns no que diz respeito a nossas expectativas adultas. Por exemplo, as crianças mais velhas costumam fazer isso quando começam uma história num CD-ROM em que,

em grupos grandes, uma criança por vez senta-se ao teclado e avança a narração enquanto os outros participam da história representando os diversos personagens, ao mesmo tempo em que "torcem" como fãs em um estádio de futebol.

Um dos elementos mais novos que encontramos é o uso de luz artificial para construir ambientes e criar cenários. As crianças mais velhas controlam e movem determinadas fontes de luz para definir espaços e construir cenários. Como no exemplo anterior, com os pedaços de tecido dispostos no chão, o feixe de luz circunscreve um espaço, criando um ambiente no qual histórias podem ser representadas.

Continuarei agora com alguns casos rápidos, uma série de imagens, mais uma vez obtidas de observações *in loco*, pois acredito que podem ser pontos de reflexão e considerações a serem feitas ao projetar interiores para as crianças. Quando têm a oportunidade, as crianças nem sempre usam os espaços exatamente de acordo com os propósitos pré-concebidos pelos adultos que os equiparam; em outras palavras, as crianças não pulam somente na área de movimento, elas não "brincam de casinha" somente no cantinho que representa o lar, e assim por diante. As crianças são nômades da imaginação e ótimas manipuladoras do espaço: elas amam construir, mover e inventar situações.

Materiais e mobília também são recriados pelas crianças, com sua capacidade enorme de projeção imaginativa durante as brincadeiras. As crianças criam uma variedade de relações com esses materiais, às vezes usando-os para o propósito para o qual foram projetados, mas outras vezes de maneiras totalmente diferentes da ideia original.

Quer seja pela força das sugestões dadas pelo próprio objeto, quer seja pelo desejo de jogar um jogo específico, muitas vezes cria-se uma realidade dupla, coexistente.

Há certas áreas da escola que nunca chamaram nossa atenção, mas que parecem assumir um valor especial quando ocupadas autonomamente pelas crianças; por exemplo, os vãos das portas de diversos cômodos parecem ser usados como espaços de pausa, nos quais pequenos grupos de crianças param para formar relações; ou o espaço exterior imediatamente adjacente à sala de aula, os quais as crianças geralmente transformam em uma espécie de zona de fronteira que elas gostam de ocupar, às vezes sozinhas.

Nossas observações também confirmaram a importância do chão como um dos elementos mais flexíveis e transformáveis para todas as crianças de todas as idades. Essa ampla área de superfície oferece possibilidades intermináveis. As crianças engatinham por ela; usam-na para acariciarem-se; para deitar, sentar, correr e deslizar; e cobrem-na com outros materiais.

O chão é um espaço aberto, uma espécie de canteiro de obras que pode ser montado e desmontado, uma página em branco que pode ser desenhada e apagada com facilidade.

O lugar onde o chão torna-se, então, uma subida com degraus é uma presença excepcional no ambiente e é muitas vezes habitado pelas

crianças da mesma forma que a *piazza*, atraindo simultaneamente várias crianças envolvidas em situações relacionais muito diferentes: elas sentam-se para conversar e trocar seus pequenos tesouros, fazem competição de saltos de diferentes alturas, quicam escada abaixo de bumbum, ou deitam-se nos degraus para observar o que está acontecendo ao seu redor.

As crianças adoram esconder-se em "tocas" e em qualquer área ou móvel que seja um refúgio isolado.

Em determinados momentos do dia, as mesas são mais ocupadas em sua área de baixo do que de cima, assim como a parte de baixo das cadeiras de criança colocadas em redor da mesa proporcionam uma oportunidade para escorregar pelo chão como soldados nos filmes de guerra.

Uma observação final tem a ver com a *piazza*, o amplo espaço central na escola, que é especialmente interessante devido a suas implicações sociais.

Esse espaço parece ser ocupado pelas crianças de diferentes idades por meio de uma negociação implícita que se torna evidente através de certas características:

– O número total de ocupantes parece ser estabelecido por autorregulamento baseado na saturação do espaço. Durante nossa investigação, esse número nunca excedeu 12 ou 13 crianças.

– O espaço é administrado em grupos (nunca contendo mais de 4 crianças) com tipos bem diferentes de atividades em desenvolvimento. Apesar da presença simultânea desses grupos, o tom de voz nunca é excessivamente alto.

O aspecto que mais nos surpreendeu foi o alto nível de tolerância entre os diferentes grupos, mesmo quando as interferências eram grandes. Nós imaginamos até que ponto o hábito normal em nossas escolas de trabalharmos diversas horas por dia em pequenos grupos em diferentes atividades, em situações que as próprias crianças escolhem, contribuiu para uma coabitação tão civilizada nos espaços comuns.

Isso também confirmaria como as maneiras de habitar os espaços refletem uma série de diferentes aspectos que são interligados: reações a necessidades e desejos biológicos inatos, estilos pessoais e preferências, e os costumes culturais e regras da comunidade em que vivemos.

Sempre deve-se ter em mente essas considerações ao definir parâmetros gerais como o espaço total disponível, o número de crianças presente em cada sala de aula e na escola, e a organização e métodos de trabalho.

Também deve haver uma grande consciência do fato de que a maneira como essas escolhas são feitas estabelece e orienta estilos de comportamento e relações sociais. Isso deve lembrar-nos da necessidade de utilizar um grande cuidado e de fazer reflexões profundas ao fazer escolhas que envolvam crianças, e da importância de ter uma compreensão profunda de suas necessidades e desejos assim como de suas estratégias sociais e de aprendizagem. É importante priorizar o direito que as crianças têm de crescer e aprender brincando.

Eu gostaria de concluir essa parte das minhas reflexões com uma indicação dada a nós pelas próprias crianças: a necessidade de um espaço para descansarem e recarregarem suas energias. Um dos três espaços da sala de aula, o mais remoto, geralmente é controlado pelas crianças com pouca luz, e os professores têm a impressão de que em determinados momentos do dia esse espaço torna-se uma espécie de abrigo para o qual as crianças vão para relaxar um pouco quando há uma saturação de relações: uma espécie de carregador de baterias que as permite renovar sua energia para então voltar para a agitação.

Durante o dia na escola, as crianças dedicam a maior parte de seu tempo e energia à rede de diferentes relações que se forma. Devemos estar cientes de que turmas de 25 crianças em uma escola de 75 crianças e 11 adultos (como é a realidade da escola Diana e de muitas outras) formam uma comunidade emocionante e importante para o crescimento intelectual e social das crianças, mas também devemos saber que nem sempre é fácil e em certos momentos pode até ser exaustivo.

Para apoiar e concretizar todas as trocas envolvidas nesse tipo de comunidade, as relações devem acontecer em diferentes contextos e situações (jogo, trabalho, discussão) e em soluções de problemas que são os mais diversos possíveis. Além disso, tudo isso deve desenrolar-se em um clima social de troca e participação, onde as habilidades de auto-organização e as estratégias pessoais das crianças encontrem processos didáticos e métodos que aumentam esses potenciais em vez de padronizá-los ou reprimi-los.

Também pode ser útil lembrar como os espaços, a mobília e os materiais disponíveis não são importantes apenas por si só, mas muitas vezes também promovem outras ideias e estímulos. Por isso, analisamos os espaços das escolas todos os anos e decidimos o que precisa ser modificado na pesquisa para atingir mais harmonia com nossas filosofias e métodos pedagógicos, que também mudam em relação às necessidades cultural e organizacional.

A cada ano, muitas vezes com a ajuda dos pais, repintamos algumas das paredes e dos móveis que mais precisam. Manutenção do espaço físico é uma cultura importante a ser desenvolvida e deve ser parte integral de qualquer habitação civil.

As crianças têm o direito de crescer em lugares que possuem uma boa manutenção e que sejam agradáveis, e as escolas não estão isentas dessa responsabilidade. Atenção à dimensão estética é uma prática pedagógica que oferece resultados excelentes, dado o fato de que a busca por beleza, em seu mais amplo sentido, faz parte dos processos de reflexão autônoma tanto das crianças quanto dos adultos.

Recentemente conduzimos outros estudos sobre as percepções sensoriais das crianças e sobre as relações dessas percepções com o ambiente.

A última pesquisa neurobiológica continua a confirmar, por meio de experiências cada vez mais confiáveis, que o cérebro de um recém-nascido não se desenvolve de acordo com um programa pré-estabelecido, ressaltando como a experiência relativa ao ambiente afeta profundamente a formação da inteligência.

Na verdade, cada um de nós é uma mistura alquímica de genes herdados e de experiências relativas a ambientes, projetos, escolhas e acontecimentos aleatórios. É através da interação de todas as partes que o cérebro toma forma, de uma maneira totalmente pessoal e irreproduzível.

Para crescer e aprender, o cérebro humano precisa ser estimulado por experiências sensoriais que acontecem em um ambiente rico e variado. Nos primeiros meses e anos de vida, uma criança precisa ver, tocar, ouvir, provar gostos, sentir cheiros, brincar, explorar, experimentar e, acima de tudo, sentir-se amada.

De modo a criar um ambiente escolar verdadeiramente apropriado para crianças, é suficiente manter esses conceitos claros em mente.

Quando trabalhamos com crianças, discutindo eventos ou trazendo de volta à memória suas experiências passadas, muitas vezes destacamos os elementos sensoriais para ajudá-los a lembrarem dos sons, cheiros, gostos, iluminação e sensações táteis e corporais, na consciência de

quão importantes essas informações de percepções são na construção de uma imagem mental complexa, de uma memória mais estável, de um aprendizado mais completo e de conexões e referências mais ricas.
Nessas "inspeções" da realidade, tentamos evitar contrastes simplificados de percepções e sensações: luz e sombra não são branco e preto, as muitas reflexões da luz e da sombra podem ser melhor representadas pela escala de brancos e pretos. Da mesma forma, sensações contrastantes como macio e duro na verdade oferecem uma variedade de evocações táteis e palavras para descrevê-las. Nossa pesquisa com as crianças é direcionada para as diversas nuances de percepção que fazem parte de qualquer exploração cuidadosa dos sentidos (devido ao componente altamente subjetivo e pessoal de cada percepção sensorial) para que o processo de aquisição de conhecimento seja o mais rico possível.
Experiências anteriores e atividades específicas realizadas nos conscientizaram de quão refinadas são as percepções sensoriais das crianças quando elas recebem a oportunidade de explorá-las e expressá-las. O problema é que nossa cultura geralmente vê o uso de múltiplos sentidos como um aspecto marginal do aprendizado e da relação com a realidade, com o risco consequente de subestimar o extraordinário aparato sensorial que todo ser humano possui. Esse aspecto também não é levado em consideração na projeção e construção de ambientes escolares: os materiais, a iluminação, as cores, a acústica e o microclima geralmente são homogêneos recebem pouca atenção, correspondendo mais a aspectos considerados "funcionais". (Mas funcionais para quem?)
Os ambientes que habitamos devem estar mais sintonizados e atentos a nossas habilidades biológicas, na consciência de que nutrir a percepção sensorial significa dar a nosso cérebro a possibilidade de crescer melhor.
Até que haja mais consciência geral a esse respeito, nós enquanto educadores podemos trabalhar em uma série de áreas interligadas: prestar mais atenção nas percepções sensoriais diariamente; investigar a maneira na qual as crianças usam seus sentidos para obter informações e para interagir com a realidade; e permitir que as crianças expressem e desenvolvam essas percepções, fornecendo a elas contextos ambientais e educacionais variados e em harmonia com a maneira como as crianças usam e expressam essas percepções autonomamente.
A pesquisa que realizamos esse ano começou com uma série de questões: Existem diferentes modos de perceber entre as crianças de 3 a 6 anos? Se esse for o caso, quais são esses modos? Existem semelhanças e diferenças entre meninas e meninos? Se sim, quais? É possível encontrar constantes nas estratégias de exploração sensorial entre as crianças que possuem personalidades semelhantes? Em que proporção as características da fonte a ser percebida e a resposta individual determinam a percepção em si?
Tudo isso mantendo em mente que em toda percepção sensorial há uma parte governada pela memória biológica, outra parte determinada pelo ambiente cultural e pela geração a que se pertence (isso ocorre desde cedo e já é visível com clareza em crianças pequenas), e uma outra parte que está ligada a histórias e percepções pessoais.
Apesar de sabermos que uma percepção sensorial nunca é isolada, e que as percepções e sensações são construídas por meio de muitos entrelaçamentos, também é verdade que um sentido refinado e altamente desenvolvido consegue obter informações dos outros sentidos com mais facilidade e dar para eles muitas informações em troca, por meio de uma elaboração criativa sinérgica.
Por essa razão, também organizamos atividades com as crianças que sejam baseadas especificamente em percepção tátil, olfativa e assim por diante, mas mantendo em mente que o elemento que está sendo focado faz parte de um todo complexo.

Os dados resultantes de nossas duas pesquisas mais recentes e de estudos passados sobre os diversos elementos analisados (a percepção e o uso de elementos cromáticos, táteis, olfativos, acústicos, microclimáticos e comunicativos) foram organizados em tabelas resumidas e relatórios em colaboração com os *designers* e arquitetos da Domus Academy, oferecendo material para as reflexões propostas na segunda parte deste livro a respeito de ideias para o processo de projeção de espaços para crianças.

Portanto, gostaria de mencionar rapidamente um projeto em andamento que parece especialmente interessante e em sintonia com nosso estudo do espaço físico.
Propusemos às crianças mais velhas (como já havíamos feito outras vezes no passado) que passassem pelos diversos espaços da escola em diferentes momentos do dia e em condições atmosféricas diferentes (ensolarado, nublado, chuvoso) e criassem um "mapa" da escola usando uma série de "caminhos" sensoriais, nesse caso a iluminação, os odores e os sons.
As crianças movimentaram-se pela escola, percebendo as características da iluminação, dos cheiros e dos sons nos diversos espaços, e então discutiram sobre elas, definindo-as verbalmente e representando-as simbolicamente.

A iluminação, por exemplo, foi dividida pelas crianças em categorias de luz solar e "luz que você acende" (luz natural e artificial), então elas qualificaram a luz em relação a um dia ensolarado: "uma montanha de luz", "luz média", "não muita luz", e a um dia nublado: "luz cinza". Então elas representaram as diversas condições da iluminação de forma gráfica, com grande competência e sensibilidade simbólica.

Nas paredes ou janelas de cada espaço da escola, agora temos representações simbólicas gráficas feitas pelas crianças como uma memória e definição das características de luz, som e odor daquele espaço em três momentos diferentes do dia. Aqui, as crianças logo descobriram constantes e variáveis.
A coleção de diferentes tipos de luz, odores e sons da escola, colocadas em uma espécie de catálogo com símbolos adequados, é uma prova clara do potencial das crianças em dialogar com materiais sensoriais.

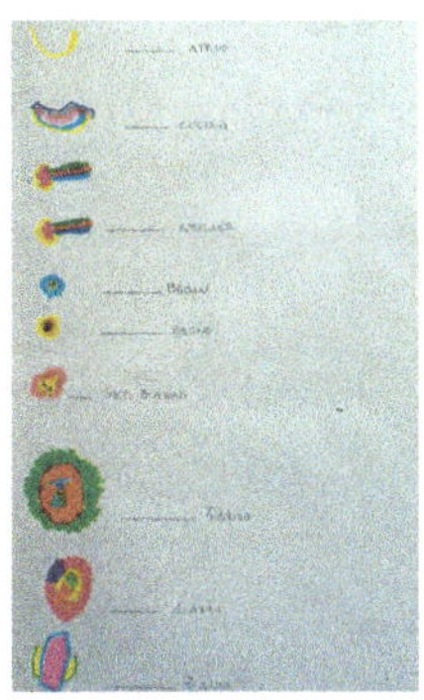

Aqueles que projetam espaços nos quais as crianças passarão muitas horas do dia, em uma idade em que o cérebro, o corpo e os sentimentos são extraordinariamente reativos e estão passando por uma formação rápida, devem ter consciência das possibilidades que o espaço oferece às crianças para que elas possam expressar e desenvolver todo o seu equipamento genético, assim como das restrições criadas pelo espaço e pelas suas limitações.
Os espaços, materiais, cores, iluminação, microclimas e móveis devem ser participantes da grande alquimia do crescimento dentro de uma comunidade.

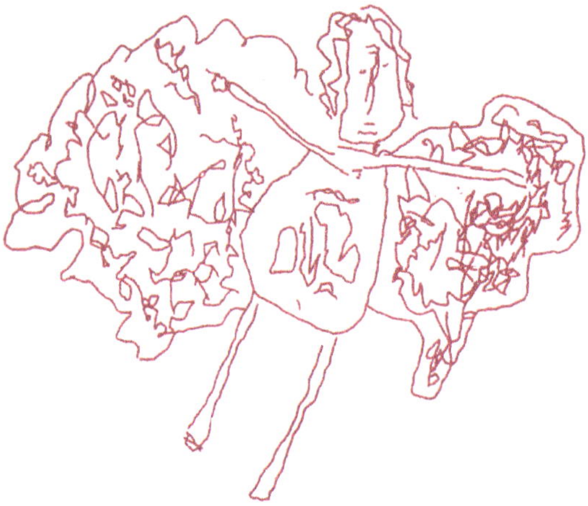

Jerome Bruner

Pré-escola: algumas especificidades para o espaço

Uma pré-escola de Reggio é um lugar especial, no qual jovens seres humanos são convidados a crescer em mente, em sensibilidade e em pertencimento a uma comunidade mais ampla. Eis três elementos indispensáveis para tal lugar:

Primeiro: "Meu, seu, nosso".

Um espaço para a pré-escola precisa fornecer lugares para cada indivíduo que ocupe isto: *meu e seu*. Mas ele deve ser um espaço *comunitário* também: *nosso*. "Nosso" espaço pode tomar várias formas: lugares para se conversar em pares ou que agreguem a escola toda, lugares para pintar ou para observar os pássaros. Um bom espaço tem diversos lugares. E precisa ser distinto: Diana* de um jeito, Pablo Neruda* de outro.

Segundo: "Em e de uma comunidade circundante".

Uma pré-escola de Reggio não deve ser apenas EM Reggio, mas também DE Reggio. O crescimento nunca é isolado. Por mais recolhida que uma pré-escola possa ser, como em Reggio Emilia – uma fatia da cidade, imaginando San Prospero e seus leões**, ouvindo os sinos das igrejas, pulsando com a vida do lugar. Tem que ser fácil para os outros entrarem – família, amigos, simpatizantes.

Terceiro: "Uma comunidade de conhecimento".

Um espaço de uma pré-escola é uma comunidade do conhecimento, em que mente e sensibilidade são compartilhadas. É um lugar para aprender em conjunto sobre o mundo real, e sobre mundos possíveis da imaginação. Deve ser um lugar onde os jovens descubram os usos da mente, da imaginação, dos materiais e aprendam o poder de fazer coisas em conjunto. É um palco, um museu feito pelo esforço próprio, ou um fórum, tanto quanto é uma sala de aula; e deve ser fácil de transformá-lo de uma dessas funções para outra.

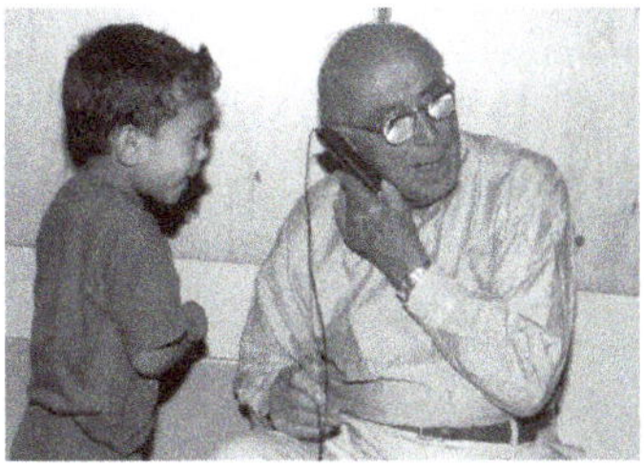

O presidente de Harvard proclama ritualmente em junho, quando confere o grau de bacharel em Arquitetura aos novos graduados: "Agora vocês estão aptos a moldar o espaço em que o ser humano vive". Ao fazer uma escola, um arquiteto deve perguntar-se qual tipo de espaço auxilia os seres humanos a crescerem.

* N. de R.T.: Nomes de pré-escolas municipais de Reggio Emilia.

** N. de R.T.: Praça localizada no centro da cidade de Reggio Emilia.

Antonio Petrillo

O projeto dos sonhos

Em minha primeira visita à uma das pré-escolas de Reggio Emilia, tendo sido solicitado a contribuir com meu ponto de vista sobre a abordagem didática, devo dizer que eu sinceramente esperava pelo espaço clássico, saturado de cores e objetos, um pouco caótico, o tipo de espaço que a imaginação adulta costuma achar estimulante para crianças. Para minha surpresa, no entanto, me encontrei em um ambiente equilibrado, rico em percepções de cores e materiais, mas sem aquela ênfase exagerada que costumamos conotar a espaços para a criatividade e para o desenrolar livre da imaginação. A distribuição das cores na estrutura física (paredes, chão, portas e janelas) era rica mas definitivamente sóbria. O que dava uma ideia de grande vitalidade ao ambiente era a "sobreposição" extraordinária dos trabalhos das crianças. Não havia as costumeiras folhas de papel do tamanho de cadernos com rabiscos e desenhos, mas sim verdadeiras pinturas e painéis de colagem, alguns maiores que um metro quadrado. Eu fiquei impressionado com o controle formal e a maturidade estética desses trabalhos, e perguntei sobre eles aos professores. Eu estava especialmente interessado em saber como crianças tão pequenas poderiam criar trabalhos tão maduros. Os professores responderam que não estavam tão preocupados com a livre expressão das crianças, mas que encorajavam-nas a criar verdadeiros projetos consistentes com o paradigma construtivista subjacente aos métodos didáticos. Ao analisar esses trabalhos, pude ver os esforços (incluindo os físicos) das crianças para colorir estas superfícies amplas, e também pude perceber a ausência de qualquer gratuidade em sua realização, ou seja, o compromisso de fazer algo que teria valor próprio, em vez de se importar apenas com o prazer em realizar esses trabalhos.

Então percebi que essa atividade não era tão diferente assim do que esperamos que nossos alunos façam em nosso centro de pós-graduação em *design*. Obviamente, os trabalhos das crianças não tinham a consciência crítica e o foco em questões culturais que devem sempre ser a base de um trabalho de *design*. Não obstante, determinados valores em comum permaneciam: a necessidade de entrar a fundo em uma ideia que às vezes parece não ter nenhuma outra legitimidade que não a força da emoção individual; a procura por um método, que não é definido no começo, para expressar e esclarecer a ideia; e a necessidade de enfrentar problemas de natureza técnica e o desejo de resolvê-los por meio de uma solução a ser encontrada sem, no entanto, perder o sonho original no meio do caminho.

Quer tenha sido a criação de uma grande colagem, de uma pintura feita com hidrocor, de um desenho de uma escada, da construção de uma ponte em argila ou a ideia extraordinária de criar um parque de diversões para pássaros no pátio da escola, pareceu-me que o que sempre estava em ação era a aptidão humana, fantástica e um tanto misteriosa, que é o corpo e a alma de um projeto de *design*. Era um desejo que permeava toda a escola.

Outro elemento característico é o envolvimento dos pais, que não são excluídos e participam ativamente, projetando e construindo móveis para as crianças, coletando materiais e elementos para bancos de dados táteis e acabamentos, usando canos de plástico e tubos coloridos para criar circuitos de água conectados às torneiras das pias para formar "pinturas" cinéticas que enriquecem o ambiente sensorial dos banheiros.

O espaço também responde a mesma lógica de não ser reduzido ao papel de ser um mero recipiente ou uma estrutura formal que reflete um método didático definido, ele torna-se um instrumento para experimentação contínua. A iluminação não é apenas um simples sistema integrado ao teto que tenha que distribuir um certo número de feixes no chão ou nas superfícies de trabalho. Parte da iluminação pode ser manipulada pelas crianças, com fontes múltiplas de luz que possibilitam moldar o cenário visual e criar situações locais, e algumas das fontes têm a única função de permitir que as crianças produzam e experimentem todos os tipos de sombras. As janelas são usadas como "telas" ópticas para projetar silhuetas e para brincar com as variações das reflexões.

A força dessa aptidão de criar projetos pode ser encontrada na formação de um tipo de individualidade que não considera a realidade como algo estático, um limite constritor ao qual as crianças devem habituar-se, mas sim como um material fluido, cujas leis as crianças devem aprender a fim de transformarem e adaptarem a realidade de acordo com sua capacidade de fantasia e imaginação.

Paolo Icaro

Autoentrevista por Paolo Icaro (escultor)

P. Você poderia falar um pouco sobre algumas de suas impressões durante sua primeira visita às pré-escolas de Reggio?

R. Claro. Pergunte-me o que quiser.

P. Certo. Lembra-se das condições climáticas daquele dia? Estava ensolarado, nublado ou chuvoso?

R. Sim, estava completamente nublado, mas não estava chovendo.

P. Como chegou à Reggio e então à escola?

R. De carro, com um amigo meu.

P. O que você achou? Gostaria de saber sua primeira impressão – você lembra?

R. Sim, ainda consigo ver a cena em minha mente. Paramos à beira de um parque, parecia uma área pública, com árvores grandes e sebes... um lugar tranquilo logo depois do tráfego da cidade. Caminhamos em direção a um prédio baixo, de apenas um andar; parecia uma casa pequena, como a de um caseiro.

P. O que você notou logo que entrou?

R. Pessoas simpáticas e sorridentes, naturais, não exageradas. Perguntaram-nos imediatamente se aceitávamos uma xícara de café, "com *moka**, é assim que fazemos aqui", elas disseram. E antes de eu sequer perceber onde estávamos, me vi sentado em uma cozinha familiar, bebericando uma xícara de expresso (um pouco fraco), em uma atmosfera familiar, como se eu já tivesse estado lá antes.

P. E sobre o que conversaram? Você fez perguntas?

R. Não, eu era apenas um visitante curioso e interessado. Acho que é importante manter-se perto das crianças, de suas brincadeiras, de sua genialidade, experimentar sua linguagem e identificar-se com elas na medida do possível, nada mais. Tenho feito esculturas desde sempre, brincando de maneira séria com essa arte durante toda a minha vida, de acordo com a definição de E. Fink, quero dizer. Lá, eu não tinha um ponto de vista específico com o qual olhar para o espaço, mas eu estava completamente aberto. Ao mesmo tempo, tudo parecia simples, familiar e muito original.

P. Mas o que lhe chamou a atenção em específico quando você entrou?

R. A continuidade labiríntica do espaço. A comunicação das salas, que eram ocupadas por grupos de crianças trabalhando, com o resto do ambiente. Uma sensação de acessibilidade fácil e confortável. Também com o exterior, que entrava pelas janelas grandes e baixas, fazendo com que seu olhar se prolongasse ao verde do parque.

P. Você ficou impressionado com a organização e a ordem da escola?

R. Bem, eu não diria "ordem". "Normalidade" seria melhor. Recordo-me de uma espécie de normalidade natural, de movimentos, sons, alternados com atividades calmas e descanso.

P. Você pode desenvolver esse ponto?

* N. de T.: Aparelho italiano para preparação de café.

R. Não sei. As crianças simplesmente pareciam calmas, livres para se movimentar. Lembro-me de um menino que estava caminhando sozinho, repleto de confiança, com uma expressão de segurança em seu rosto... e então, por uma janela, avistei duas crianças na rua, em uma briguinha sob olhar atento de uma professora que estava fazendo um intervalo, mas ela observava-as calmamente, como em um evento esportivo.

P. Bem, o tempo está se esgotando. Lembra-se de algo estranho ou extraordinário que lhe chamou muita atenção?

R. Um monte de coisas pequenas, como ver aquelas "tocas" para dormir, aquela sala cheia de cestas grandes e com aquelas cortinas... talvez tenha sido minha privação de sono que me fez pensar que eu gostaria de tirar um cochilo ali também. Lembro-me disso com prazer.

P. Você visitou a outra escola, a Neruda?

R. Sim, depois, mas eu gostaria de dizer outra coisa que me impressionou sobre a Diana: a presença constante, em todo lugar, dos trabalhos das crianças, seus projetos e desenhos, como móveis espontâneos, alegres e estimulantes, e um material maravilhoso para fomentar novas experiências.

P. Não temos muito tempo, mas se tivesse que escolher apenas uma palavra para resumir o verdadeiro sentido desse lugar, qual seria ela?

R. Amor.

Removo o microfone de minha boca e não coloco os fones de ouvido para ouvir-me novamente porque não quero me sentir bobo. Falarei mais da Neruda em um próximo episódio. E envio-lhes isso, junto com minhas saudações; até a próxima.

Alessandro Sarti

Jogos infinitos

Quando um homem nasce, ele é frágil e fraco; quando ele morre, ele é firme e rígido. Pois aquilo que é firme e rígido é servente da morte; aquilo que é frágil e fraco é servente da vida.

P. V. Tondelli

A cultura do *design* contemporânea está começando a olhar menos para as regras gerais e mais para as relações entre as partes individuais a fim de alcançar um sistema dinâmico que pode mudar junto com as mudanças das condições circundantes e adaptar-se às variáveis constantes de um ambiente físico e cultural extremamente complexo.

O que está acontecendo, assim, é uma troca intensa entre os diferentes campos semânticos a fim de identificar conhecimentos, sistemas de pensamento e terminologia que possam relacionar-se com sistemas altamente complexos e interagir e intervir nos lugares e pensamentos da humanidade.

Projetos de *design* formais e composicionais acabam sendo insuficientes (quiçá totalmente inadequados) para interpretar e intervir na realidade contemporânea; uma contribuição importante pode ser feita pelos processos de *design* "molecular".

Isso envolve uma migração de pensamentos expressos por meio de termos e relações para uma linguagem mais orgânica, em que os termos são formados e desintegrados constantemente, como estados estáveis temporários na dança de um sistema dinâmico. Em um sistema dinâmico, relação e regra dissolvem-se em um pó de conexões que não pode ser reduzido a sistemas ou gramáticas formais, uma vez que permanecem como máquina com um significante, sem propósito além da harmonia sistêmica temporária.

As conexões do sistema já não são mais solidificadas em regras claras. As conexões são formadas e transformadas, de maneira semelhante a estruturas que são condensadas. Um sistema complexo é determinado por seus comportamentos locais, que são definidos como a dinâmica de um sistema. A dinâmica local gera uma espécie de vetor composto intensivo e inflexível que deforma a linearidade dos planos em dobras, côncavos, sulcos.

Desse modo, estamos mudando de uma forma lógica de termos, relações e estruturas para uma topologia dinâmica de lugares e conexões.

O raciocínio sólido dissolve-se e entramos nesta forma de raciocínio fluido, molecular, gasoso. Em simulação numérica, sistemas dinâmicos ocorrem no estado máquina e são manifestados como imagens numéricas. Muitas imagens geradas por funções com dinâmica caótica são indetermináveis matemática e fenomenologicamente, passando por variações contínuas, resistem a qualquer tentativa de resolver seu padrão de crescimento. Nesse sentido, a prática da simulação é uma máquina neologista nos moldes de Guattari: a densa relação entre os microcomponentes linguísticos curva o espaço e fornece energia para a fusão de aglomerados recém-surgidos.

O número é o ocupante em movimento, o móvel em espaço plano, em oposição à geometria do imóvel. Em *Mil platôs – capitalismo e esquizofrenia*, Deleuze e Guattari escrevem: "A unidade numérica é a chama errante e não a tenda, ainda muito imóvel: o fogo prevalece sobre a tenda". O estado emergente do sistema deriva das relações implícitas nos procedimentos mais do que das relações geométricas explícitas. No final, os padrões dinâmicos são evocados, não criados. Isso na medida em que a programação pode ocorrer apenas com relação à dinâmica, ao comportamento local, à intensidade rítmica e intensiva. Assim, projetar torna-se pensar sobre as qualidades intensivas que caracterizam o sistema.

Mas como essas qualidades são inseridas na percepção do ser conhecedor, onde os gânglios biológicos são redefinidos e ligados por meio de nodos técnicos, semióticos, institucionais e culturais? Certamente não como prótese de um indivíduo formado, dado o fato de que nenhum indivíduo pré-existe suas próprias tecnologias de inteligência, mas como um elemento formador nos processos de subjetivação.

Em seu *Manifesto por uma política molecular*, Pierre Lévy ressalta determinados elementos de passagem das tecnologias molares às moleculares, ambas na esfera da produção e comunicação de signos e nos processos regulamentares dos grupos humanos: "A técnica digital é molecular porque não se satisfaz com a reprodução e difusão da mensagem; acima de tudo, ela possibilita que elas sejam geradas, modificadas à vontade, e dá a elas capacidades de reação altamente refinadas graças a um controle global da microestrutura. O sistema numérico possibilita a construção de mensagens, sua modificação e interação átomo por átomo, pouco a pouco, com a informação".

A ênfase passa, assim, de semiótica para semiogênese, como de imagem para *imagerie*, e como do trabalho finalizado para o instrumento; isto é, do produto final ao processo cognitivo de produção. À respeito da inteligência coletiva como um estado emergente de grupos sociais interligados, Pierre Lévy também diz: "Um coletivo numeroso que é auto-organizado é um grupo molecular. Ao fazer uso de todos os recursos das melhores tecnologias, o coletivo valoriza seu próprio patrimônio humano, qualidade a qualidade. Ele fomenta a recognição recíproca e as qualidades sinérgicas da humanidade".

O tratamento molecular da informação abre, dessa forma, um espaço que interconecta todas as mensagens, multiplica os destinatários e os transmissores, tende a reconstruir o plano liso, vivo e flutuante que se junta aos signos e corpos antes de serem congelados em regras claras.

Então tanto o espaço cognitivo quanto a dinâmica social prosperam rapidamente na área do *design* molecular que aspira à emergência de uma ecologia a nível cognitivo por um lado, e a nível social por outro.

Isso significa aceitar um jogo que redefine dinamicamente suas próprias regras, um jogo infinito como o de apaixonar-se, em oposição ao jogo finito do xadrez.

Alberto Veca

A câmara das maravilhas

A obra de poesia mais sublime é dar sentido e paixão às coisas desprovidas de sentido, e é propriedade das crianças tomar objetos inanimados em suas mãos e, para se divertirem, fazer tais objetos falarem como se fossem pessoas.

G. B. Vico, Scienza nuova, I, XXVII

Poderia-se começar com as palavras do poeta Giacomo Leopardi (mesmo que aparentemente longe do tópico em pauta por aptidão e inclinação) na sua descrição da infância como o tempo "em que tudo parecia ser ou amigo ou inimigo, nada era indiferente, nada era sem sentido; o tempo em que cada objeto que víamos parecia de uma forma ou de outra chamar nossa atenção, como se quisesse que nós falássemos; um tempo em que, nunca sozinhos em lugar nenhum, questionávamos as gravuras e as paredes e as árvores e as flores e as nuvens, abraçávamos pedras e troncos; como que ofendidos, nós maltratávamos, e como que bem tratados, nós acariciávamos coisas incapazes tanto de ofensas quanto de bondade".

Em resumo, o protagonista é uma "operação ilimitada da imaginação", que é o patrimônio do universo da criança, que é "ignorante" das causas tanto do macrocosmo como do microcosmo e que inventa relações de causa e efeito que pertencem ao mundo da imaginação, não ao mundo da verdade científica. Conhecer as razões dos fenômenos pertence ao mundo dos adultos, no reconhecimento de, certamente não pedagógico mas sim nostalgicamente impiedoso, de alguém como o poeta, a quem foi negada a felicidade e a despreocupação da infância.

Nosso sujeito aqui apresenta uma maneira de projetar e criar que pertence, curiosamente, ao mundo de liberdade criativa, inocência e incondicionalidade, que são características da criança, e podem ser qualidades do artista, mas também pertencem à esfera da memória nostálgica de qualquer adulto.

Dessa forma, nossas classificações comuns do conhecimento e da ação perdem suas certezas consolidadas (o aparato conceitual com o qual interpretamos o mundo) e assumem competências e funções mais indefinidas. Nós pesquisamos, observamos, e nenhuma verdade emerge que possa apoiar a teoria mas que não coincida com a prática.

Não há dúvidas de que a ideia de "ingenuidade" infantil e "sabedoria" adulta agora mudou, tendo-se que creditar à primeira esfera uma complexidade inimaginável no século passado, e à segunda um questionamento produtivo sobre sua certeza progressiva. Mas a intuição de Leopardi, na descoberta de conexões escondidas, de potenciais sensoriais que são negados ou reprimidos pela rotina classificatória do adulto, parece-me ser um começo perfeitamente válido para esse contexto sobre o qual estou escrevendo; isto é, dentro de uma situação emocionante e da qual podemos encontrar rastros explícitos no catálogo dos trabalhos das crianças de Reggio Emilia assim como nas fontes "indiretas" da documentação fotográfica de seu trabalho.

Do reconhecimento dos produtos criados e da oficina em ação parece emergir um dicionário de termos relacionados ao mapa cognitivo-comunicativo que, apesar de incompleto, certamente governa aquele rito de passagem (agora sem rituais e cerimônias pré estabelecidas) que marca a passagem da infância para a juventude e então para a fase adulta.

Então várias "palavras-chave" envolvidas no processo cognitivo-expressivo poderiam ser sugeridas, começando pelo produto final que temos diante de nós, que um adulto inevitavelmente interpreta usando as características desse objeto-fisionomia como espectros e categorias de referência, para apenas depois usar sua natureza como um artefato.

Mas o começo da produção manual pode estar entre os possíveis: as crianças de Reggio Emilia também adquiriram e usam com habilidade meios tecnológicos de duplicação, tradução e transmissão do produto, além das tradicionais oficinas de artesanato, e elas conhecem uma variedade de instrumentos que, quando não estão penalizando uma compreensão física necessária e primária das coisas, introduzem essa compreensão na rede de representações mais complexas e no conhecimento indireto.

Juntar meios comunicativos e expressivos tão diferentes é o núcleo da didática, pois significa não perder a memória da prática direta, mas ao mesmo tempo formar a habilidade de meios indiretos, excluindo quaisquer capacidades taumatúrgicas e ressaltando as possibilidades e os limites de uma maneira prática. Representação é um instrumento fascinante, mas substitui uma relação direta com a realidade, que no final é a mais completa, uma vez que os preconceitos de potencial e as proibições forem superados.

A primeira palavra-chave é a *lista*, em uma abordagem inicial das "coisas" com sua essência e estímulos multissensoriais, e não das "palavras", que os adultos têm nos dicionários mas que obviamente não aparecem entre os instrumentos que as crianças usam.

Estamos em um momento delicado do projeto porque as coisas, a experiência sensorial que elas oferecem, e consequentemente sua consolidação na memória, são associadas primeiramente com ideias, e apenas depois com nomes, com rótulos que às vezes são paralisantes porque dividem em categorias rígidas um universo que está em livre fibrilação.

O que dirige o curso do projeto, de acordo com regras sugeridas em cada caso específico pelas relações específicas com o exterior e conosco, é a compreensão direta e subjetiva da realidade, e também o sentido de um mundo misterioso que percebemos existir além de nossa experiência, que alterna entre exclusão na condição de solidão e desejo de exploração na condição de sociabilidade. A regra pode ser aleatória ou incerta, mas ela existe, e condiciona "em escala real" a fisionomia do projeto.

Em todo caso, parece importante ressaltar que falta uma lista ordenada, mas não a ação de arquivar, de guardar na memória, talvez com uma desordem cronológica, mas certamente com uma apreciação mais plena determinada pela própria experiência, que tem uma capacidade maior de retenção do que o puro e simples aprendizado verbal.

O processo operativo começa a partir do encontro, desses sistemas de referência variados e da interpretação que existe, com o ato de unir uma memória do exterior em relação ao lugar de elaboração. Este processo é capaz de se adaptar às comparações de ideias e também às diferentes fisionomias das abordagens individuais: dar vida a algo ao colocar esse mecanismo de memória na ativa com um movimento de fora para dentro, começando pela valorização das experiências e opiniões desenvolvidas do lado de fora da verdadeira estrutura operativa.
A lista pode seguir em várias direções, de dados empíricos (quão manipulável um objeto é, etc.) até valores de julgamento (bom-ruim, útil--inútil, etc.), ou uma avaliação das qualidades físicas e sensoriais (leve-pesado, rijo-flexível, etc.), ou categorias funcionais (para que isso é preciso ou usado), que eu acredito ser a área que mais multiplica a dimensão criativa, uma vez que provoca uma colisão entre necessidade de decoração (sendo esse último alheio à imaginação da criança, mas assimilável ao universo do ideograma, portanto, completamente significante). Mais a fundo na origem desta lista, está a oposição básica presença-ausência do objeto no domínio do usuário, até que ponto ele é apropriado e até que ponto ele é desconhecido ou desinteressante.
Na experiência de arquivamento, colecionamento e conservação, uma série de listas gera um *catálogo* no qual, por qualquer razão que seja, a decisão feita é considerar uma lista temporariamente completa e uma lógica de classificação inicial é proposta, um mapa das coisas e dos conceitos que são considerados uma referência confiável, pelo menos até que a revisão subsequente se realize. O mapa das compreensões começa a tomar forma, saindo da linearidade da lista para alcançar figuras mais complexas entrelaçadas por vínculos variáveis que tendem a lembrar uma figura fechada feita de relações.
Um nível de complexidade não reconhecível para o exterior de maneira imediata parece estar envolvido no projeto de trabalho que adere completamente o procedimento ideacional e operativo do grupo, pois os caminhos e as relações compreendidos pelo criado são suficientemente alheios, uma corrente de significados que pode variar da analogia à assonância, à similaridade formal, à contiguidade – associações lógicas que não são patrimônio exclusivo do adulto mas que, organizadas com a consistência interior do projeto criativo, pertencem ao universo do artista tanto quanto ao protagonista aqui: a criança.
A livre expressão "pula" algumas passagens, ultrapassa diversos campos com indiferença, descobre analogias escondidas na superfície, inventa, intui os resultados finais, e quebra aquela corrente consecutiva que é reconfortante para o adulto, que a considera "normal" por ser normativa, sempre exatamente a mesma apesar dos cenários e objetos em questão em processo de modificação.
Enquanto o projeto de *design* do adulto é visto como linear, apesar de todas as variáveis e flexibilidade que a anulação do programa rígido e pré-ordenado têm, por necessidade, adquiridas como regra fundamental, nós também podemos aprender que a temporização e os métodos de ideação, e também de produção, não podem seguir os métodos normais do tempo comum.
A temporização do projeto é, em efeito, um único intervalo temporal no qual a fração de passado selecionada intervém e tem influência determinante assim como a projeção do futuro. Aqui temos a causa e o efeito: no centro da situação está a possibilidade de organizar um encontro ao redor

da mesa, um encontro democrático de trocas, obviamente, e não o hierárquico de antes com papéis atribuídos com antecedência da efetiva *ação*.

Assim, o catálogo torna-se uma *coleção*, um conjunto de achados pronto para uso, ou para ficar parado esperando um uso subsequente e não programável. Por este ponto de vista, a rapidez da criança é invejável porque seu termo de comparação, seu centro de ordem, não é a codificação do conhecimento, mas o próprio sujeito em uma pluralidade e velocidade de conexões, nas evocações e vínculos mais heterogêneos possíveis.

A respeito de um catálogo, uma coleção tem os mesmos critérios para ordenar um material heterogêneo. Além disso, esses critérios constituem uma verdadeira (quer intencional ou não) biografia criada por meio de "objetos reais", cada um deles marcado por episódio específico (desde uma compra, até um presente, uma descoberta aleatória) com o qual relações complexas e distintas são entrelaçadas. Enquanto na idade adulta essas relações são refinadas, durante a infância elas costumam provocar a aceitação ou a rejeição de um objeto, e impor escolhas drásticas que são temporariamente irrevogáveis.

Também estão em jogo vínculos de relações que se movem por vários setores: o mesmo objeto posicionado em um grupo, dependendo de sua posição, pode assumir diferentes funções, e, assim, diferentes significados. Essa instabilidade interior leva a uma tensão centrífuga: a coleção nunca está completa. Apenas uma coleção que é concebida no começo será completa sob exaustão das peças previstas; caso contrário, o processo de continuar ramificando-se, fazendo novas combinações, pode ser infinito.

Tentamos dar uma ordem que, aos olhos do adulto, pareça ser um emaranhado de dados caótico e não programado, no início de uma metamorfose, uma quarta palavra-chave a ser incluída nesse manual hipotético de interpretação. Mas, no universo as crianças, contaminação e "transformação" traumática só existem em fábulas mágicas contadas a elas às vezes, no sentido de que o conceito envolve uma estabilidade de mundos de pertencimento que é parte do conhecimento adulto e certamente não do conhecimento infantil, e que foca arrogantemente no Eu, o indivíduo, como capaz de avaliar o que aprendeu.

Esse papel de protagonista do indivíduo, compreendido na globalidade de suas faculdades de percepção, sugere uma maneira diferente de alcançar o objetivo: ou melhor, a posição do indivíduo é prioritária em relação à "coisa", pois cada operação subsequente, cada adição de complexidade do problema, refere-se não a novas disciplinas e conhecimentos externos ao indivíduo, mas volta constantemente aos conhecimentos e sentimentos que pertencem ao indivíduo.

Tanto um catálogo quanto uma coleção precisam de algum tipo de ordem de disposição e organização, assim como hierarquias de importância, e aqui alcançamos o princípio de um raciocínio de causa e efeito, que requer congruência entre os elementos em jogo como uma condição necessária. Isso quer dizer indicar um *antes* e um *depois*, aquela corrente de significados que permite a relação com o que é heterogêneo em um caminho evolucionário linear que é consistente em termos lógicos.

Mas esses são passos que pertencem a questões e problemas cronologicamente subsequentes; na atual circunstância eles só podem ser tocados de maneira incidental, no encerramento.

Imagens

O ambiente da infância
Carla Rinaldi

(p. 122)

Cérebros trocando ideias, desenho feito por um menino de 5 anos e 2 meses, pré-escola municipal Diana, Reggio Emilia

(p. 123)

Pátio interno desenhado por um menino de 5 anos e 8 meses, pré-escola municipal Diana, Reggio Emilia

(p. 124)

A cidade de Reggio Emilia desenhada por uma menina de 5 anos, pré-escola municipal Villetta, Reggio Emilia

(p. 125)

A escola Villetta desenhada por um menino de 5 anos, pré-escola municipal Villetta, Reggio Emilia

(p. 126)

Planta da escola Diana desenhada por uma menina de 5 anos e 8 meses, pré-escola municipal Diana, Reggio Emilia

(p. 127)

A escola Neruda desenhada por uma menina de 5 anos e 7 meses, pré-escola municipal Neruda, Reggio Emilia

(p. 128)

Teatro Municipal de Reggio Emilia com estátuas, desenhado por uma menina de 4 anos e 4 meses, pré-escola municipal Diana, Reggio Emilia

Educação e espaço relacional
Andrea Branzi

(p. 129)

Sir Henry Cole, "Didactic drawings of everyday articles", *Journal of Design and Manufectures*, Londres, 1849

Kazimir Malevich, *Lenhador (Woodcutter)*, óleo sobre tela, 1912-1913

(p. 130)

Oficina de Bauhaus em Dessau, Alemanha, 1926

Fortunato Depero, trajes para o balé mecânico "Anhiccam del 3000"

Oskar Schlemmer, *Figurinos no Espaço ("Figurines in space")*

Fortunato Depero, *Costruzione di pinocchietto*, 1917

(p. 131)

Imagem de uma oficina de Bruno Munari a céu aberto para as crianças, 1977

(p. 132)

Enzo Mari, proposta para *autodesign*, Simon International, 1974

(p. 133)

Modelo de homem em relação ósmica com o ambiente, do seminário "The human evolution", seminário da Domus Academy, 1995

Que tipo de espaço para viver bem na escola?
Vea Vecchi

(p. 136)

Piazza da pré-escola municipal Diana, Reggio Emilia

(p. 137)

Planta da sala de aula das crianças de 5 anos, com miniateliê e um "terceiro espaço", pré-escola municipal Diana, Reggio Emilia

Sala de aula para crianças de 5 anos, pré-escola municipal Diana, Reggio Emilia

Miniateliê da sala de aula para crianças de 5 anos, pré-escola municipal Diana, Reggio Emilia

"Terceiro espaço" da sala de aula para crianças de 5 anos, pré-escola municipal Diana, Reggio Emilia

(p. 138)

Meninas de 3 anos brincando com panos coloridos na *piazza,* pré-escola municipal Diana, Reggio Emilia

(p. 139)

Narração com luz, pré-escola municipal Diana, Reggio Emilia

O "Triângulo de espelhos" (projetado por Tullio Zini), que modifica-se em diferentes ocasiões: caleidoscópio do eu, empório, casa. Pré-escola municipal Diana, Reggio Emilia

(p. 140)

Toca autoconstruída, pré-escola municipal Diana, Reggio Emilia

Diversos grupos ocupando a *piazza* com diferentes atividades, pré-escola municipal Diana, Reggio Emilia

(p. 141)

Repintura periódica dos móveis da escola feita pelos pais, pré-escola municipal Diana, Reggio Emilia

(p. 142)

Sombras pretas, papel de seda e objetos na mesa de luz, pré-escola municipal Diana, Reggio Emilia

(p. 143)

Cheirando, pré-escola municipal Diana, Reggio Emilia

Jogo do "encoste e adivinhe", pré-escola municipal Diana, Reggio Emilia

Símbolos para luz solar, desenhos feitos por crianças de 5 e 6 anos, pré-escola municipal Diana, Reggio Emilia

Símbolos para iluminação, odores, sons em um espaço da escola Diana, por crianças de 5 e 6 anos

Amostragem de odores, por crianças de 5 e 6 anos

(p. 144)

"Uma vez encostei em um anjo, e eu não encostei em nada", desenho de um anjo feito por um menino de 4 anos e 8 meses

Pré-escola: algumas especificidades para o espaço
Jerome Bruner

(p. 145)

Jerome Bruner na pré-escola municipal Diana, Reggio Emilia

O projeto dos sonhos
Antonio Petrillo

(p. 147)

"Cidade", desenho feito por um menino de 5 anos e 1 mês, pré-escola municipal Diana, Reggio Emilia

Autoentrevista por Paolo Icaro (escultor)
Paolo Icaro

(p. 149)

Paolo Icaro, *Involto*. Gesso e chumbo, 40x50x50, 1993

Paolo Icaro, *Momento, pietra*. Gesso, chumbo e pedra 40x50x50, 1995

Paolo Icaro, *Momento, incesto*. Gesso e chumbo 30x75x75, 1995

Jogos infinitos
Alessandro Sarti

(p. 151)

Alessandro Sarti. Simulações de certos tipos de morfogênese relacionadas ao surgimento de padrões na pele de animais, 1997

A câmara das maravilhas
Alberto Veca

(p. 152)

De Sphaera, 1450-60, Módena, Biblioteca Estense

O. Worm, "Frontispício" de *Musei Wormiani Historia*, 1655

(p. 153)

Frans Hals (Antwerpen ca. 1580 – Haarlem 1666), *Menino com flauta (Boy with flute)*, Staatliche Museen Preussischer Kulturbesitz

Hendrick Terbruggen (Utrecht-Den Haag 1588 – Utrecht 1629), *Menino acendendo um cachimbo (Boy lighting a pipe)*, Eger Dobo Istvan Museum

Bartolomeo Esteban Murillo (Sevilha 1617-1681), *Comedores de uvas e melão (Grape and melon eaters)*, Munique, Alte Pinakothek

Jan Adriansz Van Attevelt (Utrecht, início do século XVII), *Jovem no laboratório (Young man in the laboratory)*, Utrecht, Museu Central

(p. 154)

Frans Hals (Antwerpen ca. 1580 – Haarlem 1666), *Cantora (Singer)*, Montreal, Coleção particular

Fans Hals (Antwerpen ca. 1580 – Haarlem 1666), *Violinista (Violin player)*, Montreal, Coleção particular

Joseph Arnold, *Kunstkammer*, Museu Ulmer

Giacomo Ceruti (Milão 1697-1767), *Due portaroli che giacono*, Coleção privada

(p. 155)

Giovan Francesco Caroto (Verona 1480-1555), *Fanciullo com disegno*, Verona, Meseo di Castelvecchio

Gerard Ter Borch (Zwolle 1617 – Deventer 1681), *Menino catando pulgas em um cão (Boy picking fleas from a dog)*, Munique, Alte Pinakothek

Pieter Cornelisz van Slingeland (Leiden 1640-1691), *Duas crianças (Two children)*, Coleção particular

Jan Steen (Leiden 1625-1679), *Escola do vilarejo (Village school)*, Dublin, Galeria Nacional da Irlanda

Referências

ACKERMAN, D. *A natural history of the senses*. Broadway: Random House, 1990.

ARNHEIM, R. *Art and visual perception*: a psychology of the creative eye. Berkeley: University of California, 1954.

ARNHEIM, R. *To the rescue of art*: twenty-six essays. Berkeley: University of California, 1992.

AUGÉ, M. *Non-lieux*. Paris: Seuil, 1992.

AZIEU, D. *L'epiderme nomade et la peau psychique*, [S.l.]: Apsygée, 1990.

BATESON, G. *Mind and nature*: a necessary unity. New York: Hampton, 1979.

BECCHI, E. *I bambini nella storia*, Bari: Laterza, 1994.

BEYLERIAN, G. M.; OSBORNE, J. J. *Mondo materialis*: materials and ideas for the future. New York: H. N. Abrams, 1990.

BOCCHI, G. et al. *L'altro Piaget*: strategie delle genesi. Milano: Emme, 1983.

BONDIOLA, A. *Gioco e educazione*. Milano: FrancoAngeli, 1996.

BRADLEY, B. S. *Visions of infancy*: a critical introduction to child psychology. Cambridge: Polity Press, 1989.

BRANZI, A. *Il Design italiano:* 1964-1990 Milano: Electa, 1996.

BRANZI, A. *Il Design italiano*: i protagonisti. [S.l.]: Domus, 1997. 1 CD-ROM.

BRANZI, A. *La casa calda*: esperienze del nuovo design italiano. Milano: Idea Books, 1984.

BRANZI, A. *La quarta metropoli*: design e cultura ambientale. Milano: Domus Academy, 1990.

BRANZI, A. *Pomeriggi alla media indústria:* design e seconda modernità, Milano: Idea Books, 1988.

BRONFENBRENNER, U. *The ecology of human development*: experiments by nature and design. Harvard: Harvard University: 1984.

BRUNER, J. *Acts of meaning*. Harvard: Harvard University, 1990.

BRUNER, J. *Actual minds, possible words*. Harvard: Harvard University, 1986.

BRUNER, J. *Le développement de l'enfant*: savoir faire, savoir dire. Paris: Presses Universitaries de France, 1983.

BRUNER, J. *On knowing*: essays for the left hand. Harvard: Harvard University, 1964.

BRUNER, J. *The culture of education*. Harvard: Harvard University, 1986.

BRUNER, J. *The relevance of education*. New York: Norton, 1971.

CALVINO, I. *Le città invisibili*. Torino: Einaudi, 1972.

CAPUCCI, P. L. *Il corpo tecnológico*: l'influenza dele tecnologie sul corpo e sulle sue facoltà. Bologna: Baskerville, 1994.

CARDONA, G. R. *La foresta di piume*: manuale di etnoscienza. Bari: Laterza, 1985.

CASTELLI, C. T.; PETRILLO, A. *Il lingotto primário*: progetti di design primario alla Domus Academy. Milano: Arcadia, 1985.

CEPPI, G. I sensi differiti. *Domus*, n. 785, 1997.

CERUTI, M. *La danza che crea*: evoluzione e cognizione nell'epistemologia genética. Milano: Feltrinelli, 1989.

COLOMBO, F. *Confucio nel computer*: memoria accidentale del futuro. Milano: Nuova Eri Rizzoli, 1995.

COUPLAND, D. *Life after God*. New York: Pocket Books, 1997.

DELEUZE, G. *Critique et clinique*. Paris: Minut, 1993.

DELEUZE, G.; GUATTARI, F. *Mille plateau*: capitalisme et schizophrénie. Paris: Minuti, 1980.

FABBRI, D. *La memoria della regina*: pensiero, complessita, formazione, Milano: Guerini e Associati, 1990.

GARDNER, H. *Frames of mind*: the theory of multiple intelligences. New York: Basic Books, 1989.

GARDNER, H. *To open minds*. New York: Basic Books, 1989.

GOLEMAN, D. *Emotional intelligence:* why it can matter more than IQ. [S.l.]: Bantam Books, 1995.

GUATTARI, F. *Architettura della sparizione, architettura totale*: spaesamenti metropolitan. Milano: Mimesis, 1996.

GUATTARI, F. *Chaosmose*. Paris: Galilée, 1992.

HALL, E. T. *The hidden dimension*. Garden City: Anchor, 1966.

Howard Gardner, The Mind's New Sciente, Basic Books, Inc., New York, 1985 (trad. it. La nuova scienza della mente, Feltrinelli, Milano, 1988)

HUXLEY, A. *The doors of perception*: heaven and hell. [S.l.]: HarperCollins, 1990.

HUYSMANS, J. K. *A rebours*. Paris: [s.n.], 1884.

ILARDI, M. *La città senza luoghi*: individuo, conflitto, consumo nella metropoli. Genova: Costa & Nolan, 1990.

KOOLHAAS, R.; MAU, B.; WERLEMANN, H. *S, M, L, XL*. Rotterdam: 010 Publishers, 1995.

KOSKO, B. *Fuzzy thinking*: the new science of fuzzy logic. New York: Hyperion Books, 1993.

LÈVY, P. *L'intelligence collective*: pour une anthropologie du cyberspace. Paris: La Découverte, 1994.

LÈVY, P. *Qu' est-ce que le virtuel?* Paris: La Dècouverte, 1995.

LORENZETTI, L. M. *La dimensione estetica dell'esperienza*. Milano: Franco Angeli, 1995.

LURCAT, L. *L'enfante et l'espace*: le role du corps. Paris: Presses Universitaires de France, 1976.

LUSCHER, M. *The Luscher color test*: the remarkable test that reveals your personality through color. London: Jonathan Cape, 1989.

MALAGUZZI, L. *I cento linguaggi dei bambini*. Reggio Emilia: Reggio Children, 1996.

MALAGUZZI, L. Il ruolo dell'ambiente nel processo educativo. In: CICCONCELLI, C. *Arredo Scuola 75*: per la scuola che cambia. Como: Luigi Massoni, 1975.

MALTONI, R. *I quaderni di Sangersolè*. [S.l.]: Einaudi, 1996.

MALTONI, R. *Il sapere ritrovato*: conoscenza, apprendimento formazione, Milano: Guerini, 1996.

MANZINI, E. *Artefatti*: verso una nuova ecologia dell'ambiente artificiale, Milano: Domus Academy, 1990.

MANZINI, E.; SUSANI, M. *The solid side*: il lato solido in un mondo che cambia. Naarden: V+K, 1995.

MERLEAU-PONTY, M. *L'oeil et esprit*. Paris: Gallimard, 1964.

MIGLIETTI, A. F. *Identità mutante*. Genova: Costa & Nolan, 1997.

PANCRAZZI, L.; ROMANO, G. *Nonsites*. Caserta: Galleria Studio Legale, 1995.

PAWSON, J. *Minimum.* Londres: Phaidon, 1997.

PERNIOLA, M. *Il sex appeal dell'inorganico*. Torino: Einaudi, 1994.

PIAGET, J. *L'équilibration des structures cognitives*: problème central du développement. France: Universitaires de France, 1975.

PIAGET, J. *Six études de Psychologie*. Geneve: Gouthier, 1964.

PRATTICO, F. Come i geni cambiano la nostra vita. *La Repubblica*, v. 3, n. 1, 1998.

SIAS, R. *Incontri di lavoro*: domesticità nell'ufficio. Domus Academy, 1990.

SUSKIND, P. *Das parfum:* diogenesis verlag AG. Zurich: [s.n.], 1985.

ZOLLA, E. *Lo stupore infantile*. 5. ed. Milano: Adelphi, 1994.